평화롭고 행복한 세상을 만들어 가는 공정한 저울

처음법학

✈10대를 위한 진로수업

평화롭고 행복한 세상을 만들어 가는 공정한 갈날

처음 법학

김희균 지음

봄마중

철학 없는 법학은 출구 없는 미궁이다.

_빌헬름 라이프니츠(Gottfried Wilhelm Leibniz 독일의 수학자 및 판사, 1646~1716)

회사에는 '내규'라는 게 있다. 회사 안에서 지켜야 할 법이다. 가령, 이런 거다.

모든 임직원의 업무시간은 아침 9시에 시작해서 저녁 6시까지로 한다.

그런데 이걸 잘 안 지키는 사람이 딱 한 명 있다. 바로 회사 사장이다. 10시나 11시쯤 출근하는 사장을 본 직원들이 불만을 제기했다. "내규에 서명까지 다 하셔 놓고 사장님은 왜 안 지키십니까?"라고.

사실, 사장도 할 말이 없지는 않다. 잠자는 시간 외에는 늘 회사 걱정을 하는 게 사장이다. 사장은 거의 모든 시간을 회사에 투

자한다. 그래서 아침에 한두 시간 늦게 나올 수밖에 없다. 사장 입장에서는 그게 오히려 공평한 일일 수 있다. 하지만 그건 사장이 잘못 생각한 것이다. 법을 만들었으면 지켜야 한다. 그게 우리의 상식이다.

이 상식을 왕도 인정하게 하는 데 인류는 수백 년이 걸렸다. 법을 지키는 왕을 만들기 위해 얼마나 힘들었는지 역사가 증명하고 있다. 결국 영국에서 해냈고, 이것을 우리는 '명예혁명'이라고 한다.

영국에서 명예혁명을 하던 시기에 바다 건너 프랑스에서는 루이 14세가 '내가 곧 법이다'라고 말하고 다녔다. 법 같은 건 필요 없고, 내가 말하는 대로 하라는 뜻이다. 영국이 법의 지배로 가던 시기에, 프랑스는 아직 왕의 지배를 받고 있었다. 그래서 어떻게 되었을까? 정확히 100년 만에 영국은 세계적인 국가가 되었고, 프랑스는 세계적인 골칫덩어리가 되었다. 법이 지배하는 곳에서는 회사도, 나라도 잘 굴러간다. 그래서 법은 지켜야 한다.

법의 지배 정신은 영국에서 시작해서 미국으로 가서 꽃을 피웠다. 미국은 지금도 헌법으로 세운 나라라는 것을 최고의 자랑으로 생각한다. 그렇다면 미국은 지금 잘 살고 있을까?

전혀 그렇지 않다. 미국을 가만히 들여다 보면, 법이 지배하는 세상이 된 게 아니라, 돈이 지배하는 세상이 되고 말았다. 돈 많은 사람들이 자신들에게 유리한 법을 끊임없이 만들고, 국회는 끊임없이 그걸 통과시켜 주고 있다. 그런 다음에 법이니까 지키라고 말한다. 결국은 돈 없는 사람들은 억울한 일을 당해도 말할 데가 없다. 법이 돈 있는 사람들 구미에 맞게 만들어져 있기 때문이다.

가끔 미국 영화에서 돈 없는 사람들이 법정 투쟁에서 이기는 모습이 나온다. 하지만 속으면 안 된다. 그런 일은 자주 일어나지 않는다. 영화니까 가능한 일이라 말해도 과언이 아니다. 법의 지배는 어느새 돈의 지배로 바뀌고 말았다. 우리라고 해서 크게 다를 것 같지도 않다.

바로 여기에 법학자의 할 일이 있다. 법이니까 무조건 지켜야 한다고 말하는 것은 오늘날 법학자들이 할 말이 아니다. 유스티니아누스나 나폴레옹 같은 군주들이 하던 말이다.

법학자는 이렇게 말해야 한다. 옳지 않은 법은 지금이라도 바꿔야 한다고. 법이라는 이름으로 자행되는 폭력을 두고봐서는 안 된다. 간디도 그랬다. 부당한 법률은 폭력과 같다고. 전적으로 맞는 말이다.

우리는 법 때문에 고통 받는 사람들을 그냥 두고볼 수 없다. 법이 중요한 게 아니라, 그 안에 사는 사람이 중요하다. 옳지 않은 법은 끝까지 찾아 고쳐야 한다. 그래야 사람들이 행복해질 수 있다. 이것이 바로 진정한 의미의 '법의 지배'다.

법은 지켜야 한다. 하지만 법은 또 고쳐야 한다.
법학자들은 그런 의미에서 보수주의자이면서 동시에 진보주의자다.

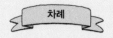

1

법학이란 무엇인가?

법과 법

세상에는 두 개의 법law이 있다. 하나는 자연의 법이고, 다른 하나는 사람의 법이다.

먼저 자연의 법 또는 법칙이 있다. 물이 위에서 아래로 흐른다거나 가을이 가고 겨울이 오는 것 또 강한 자가 살아남는 것, 전부 자연의 법이다. 자연의 법은 사람이 만든 것이 아니라, 이 세상을 만든 절대자가 만든 것이다(절대자를 믿지 않는 사람은 자연이 만들었다고 해야 할 테지만). 그래서 그 안에 있는 동물이나 식물은 그 법칙을 어길 수가 없다. 법칙에 순응하면서 살다 가면 그만이다. 인간도 역시 동물의 일종이기 때문에 자연의 법칙을 거스를 수 없다. 때가 되면 우리 모두 죽는 것이 바로 자연의 법칙 가운데 하나다.

그다음으로 인간의 법이 있다. 우리가 보통 헌법, 민법 또는 도덕, 원칙, 관습이라고 부르는 것들이다. 그것은 우리가 만든 것이다. 아마 사람도 아주 옛날에는 동물과 크게 다르지 않았을 것이다. 그런데 진화를 거듭하면서 동물과는 차원이 다른 존재가 됐다. 동물처럼 강한 자가 약한 자를 잡아먹는 것을 거듭하다 보면 결국은 모두가 죽고 만다는 걸 느꼈을 수도 있고, 사람끼리 싸우는 것보다는 힘을 합쳐 사냥을 다니고, 농사를 짓는 게 이득이라고 느꼈을 수도 있다. 어쨌든 사람은 동물과는 달리 '해서는 안 될 것'과 '해도 될 것'을 나누기 시작했고, 대략 그즈음에 법이라는 것을 만들었다.

그럼 그때가 언제쯤일까? 호모 사피엔스가 글을 쓰기 시작한 것은 지금으로부터 5,000년 전, 즉 기원전 3000년이다. 그로부터 1,000년이 지난 기원전 2000년경 인류 최초의 법전인 〈함무라비 법전〉이 만들어진 걸 보면 대략 글을 쓰기 시작하면서 법도 만들었을 거라고 추측할 수 있다. 하지만 글을 쓰기 이전에도 법을 몰랐을 것 같지는 않다. 글이 없었을 때도 아버지가 말 안 듣는 자식을 혼내면서 이렇게 하라, 저렇게 하라고 훈계했을 테니까. 인류는 결국 모여 살기 시작한 때부터 법을 만들지 않았을까

짐작하게 된다.

　이처럼 까마득하게 오랜 옛날부터 법을 만들어 온 인간은 지금도 계속 법을 만들고 있다. 그리고 그 양도 어마어마하다. 우리는 아침에 눈을 뜨자마자 법을 만난다. 가령, 아침에 일어나면 바로 이불을 개야 한다는 게 우리집 규칙일 수 있다.

　아침부터 밤까지 무수히 많은 규칙을 지켜야 하고, 무수히 많은 권고나 지침, 도덕을 따라야 한다. 전부 법의 일종이다. 집을 나서서 버스를 탈 때 돈을 내야 하고, 길을 걸을 때는 신호를 지켜야 하고, 학교에 가서 정해진 자리에 앉아야 하고, 어른들과 밥을 먹을 때 먼저 수저를 들 수도 없고, '입산금지' 표시가 있는 산을 마음 대로 오를 수도 없다.

　어디를 가든 이런저런 규칙을 만난다. 그 가운데는 심각한 것도 있다. 허락 없이 남의 집에 들어갔다가는 감옥에 갈 수도 있고, 실수로 운전 중 사람을 치면 구속이 될 수 있고, 심부름 한 번 잘못 했다가는 마약 운반죄로 삶 전체가 망가질 수도 있다.

　이렇게 사람이 지켜야 하는 무수히 많은 법을 우리는 크게 둘로 나누어 보기로 한다. 법을 지키는지 안 지키는지 국가가 관심을 가지고 지켜 보고 있는 것과 그렇지 않은 것이다. 앞의 것을 좁은 의미의 법law이라고 하고, 뒤의 것을 '규범'norms이라고 한다. 좁은 의미의 법도 규범의 일종이지만, 그걸 어기게 되면 여파가 워낙 커서 특별 취급을 하는 것이다. 도덕moral과 같은 규범은 어긴다고 해도 아주 심각한 제재가 따르지는 않을 수 있다. 한 번 정도 어기는 것은 봐주기도 하고 꾸중을 듣거나 교육을 받는 정도에 그칠 수도 있다.

하지만 국가의 법을 어기면 얘기가 달라진다. '다음에는 조심하세요'라면서 넘어가지 않는다. 법을 어기면 그에 상응하는 다양한 제재가 발동된다. 국가가 법을 어긴 자를 제재하지 않는다면 국가의 의무를 저버리는 일이다.

지금부터 우리가 공부할 법은 이처럼, 국가가 만들고 국가가 지키는지 안 지키는지 유심히 지켜 보고 있는, 그 법을 말한다. 법을 공부하는 것을 '법학'이라고 부르는데, 바로 이 책의 주제다.

법을 어떻게 공부할까?

법은 뭘 해라, 또 뭘 하지 말라는 내용으로 되어 있다. 따라서 법을 공부하는 것은 법 전체를 읽어서 무엇은 해야 하고 무엇은 하지 말아야 하는지를 이해하고 정리하는 것이다.

그런데 한 가지 문제가 있다. 법이라는 이름으로 읽어야 할 내용이 너무 많다는 거다. 가령, 현재 우리나라에는 법률 수만

법과 규범

법은 크게 둘로 나눌 수 있는데, 법을 지키는지 안 지키는지 국가가
관심을 가지고 지켜 보고 있는 것과 그렇지 않은 것이다.
앞의 것을 좁은 의미의 법이라고 하고, 뒤의 것을 규범이라고 한다.

1,600개가 넘는다. 한 법률당 10페이지만 잡아도 16,000페이지를 읽어야 한다는 계산이 나온다. 그런데 이 법률만 안다고 법을 다 알게 되는 것도 아니다. 법률은 대강의 내용을 정해 두었을 뿐이고, 법률 아래로 시행령, 시행규칙 등 수많은 하위법률이 있다. 그것까지 다 계산에 넣으면 법은 수십 만 페이지가 될 수도 있다.

게다가 법률은 지금 이 순간에도 새로 만들어지고, 없어지고, 바뀌고 있다. 법률을 만드는 국회가 활동을 하는 한 법은 매일 변할 수밖에 없다. 그러므로 법률을 읽고 정리해서 '이제 다 알았네!'라고 말할 수는 없다.

법을 제대로 공부하기 위해서는 먼저 커다란 구조를 봐야 한다. 각각의 법률 내용으로 바로 들어갈 것이 아니라, 전체 '법'이 어떻게 구성되어 있는지 숲 전체를 조망할 필요가 있는 것이다.

헌법과 행정법: 공법

법은 산이나 강, 건물이나 도로처럼 눈에 보이는 사물이 아니다. 법은 글로 된 텍스트이고, 우리가 만들어 낸 일종의 '작품'works이다. 우리는 작품을 만들 때 아무 생각 없이, 즉 아무런 설계도 없이 무작정 만들지는 않는다. 처음부터 차근차근 계획

아래에서 법이라는 커다란 작품을 만든다.

예를 들어 대한민국이라는 나라를 새로 만든다고 하자. 그러면 제일 먼저 대한민국의 영토를 어디로 할지 정해야 한다. 지금처럼 휴전선 아래로 할지, 아니면 예전에 그랬던 것처럼 북위 38도선 아래로 할지, 바다는 어디까지 우리 영해로 할지, 바다 너머 경제수역은 어느 정도로 할지 정해야 한다. 그리고 이렇게 만든 대한민국은 어떤 나라인지 성격을 정할 필요도 있다. 국민들 모두가 자유롭게 경제활동을 하고 그 대가를 개개인이 충분히 누리는 자유시장경제로 할지, 경제적 자유는 보장하되 불평등을 해소하기 위해 부자들에게 세금을 많이 걷어 가난한 사람들에게 혜택이 돌아가게 하는 사회민주주의적인 요소를 가미할지 결정해야 한다. 또 국회는 상원과 하원으로 나눠서, 상원은 지역을 대표하고, 하원은 국민 개개인을 대표하는 제도로 할지, 아니면 하나의 국회만 둘 것인지, 하나의 국회만 둔다고 할 때, 의원 한 명이 몇 명의 국민을 대표하게 할지도 정해야 한다. 정당제도는 어떻게 할지, 법원은 어떻게 조직할지 등도 헌법에서 정할 문제다.

게다가 훨씬 더 중요한 것은 국민 개개인에게 어떤 권리를 부여할지 정하는 일이다. 나라의 모습만 정하고 국민들의 기본권을 정하지 않은 사회는 헌법을 가진 게 아니라는 프랑스 인권선언의 사상에 따라, 대부분의 나라는 헌법에 국민의 기본권을 자세히 적어 놓고 있다. 기본권을 보장하는 것이 국가의 의무라는 점을 선언하고 있는 것이다. 우리나라도 인간다운 생활을 할 권리, 행복추구권을 필두로 각종 자유권과 청구권을 기본권으로 적어 두고 있다.

이처럼 한 나라의 최고법인 헌법을 보면 그 나라 법질서의 성격과 특징을 파악할 수 있다. 헌법만 보고도 그 나라가 어떤 나라인지 또 어떤 나라를 추구하는지 알 수 있다는 말이다. 어떤 법학자가 법에서 세 단어만 바꾸면 그 나라는 전혀 다른 나라가 된다고 한 것도 이와 같은 헌법의 특징을 가리키는 말이다. 우리나라는 '국민주권주의'에 입각해서, '자유와 평등'의 보장을 목적으로 하는 '민주주의' 국가라고 헌법에 나와 있다.

헌법은 국가의 권력을 셋으로 나눠, 행정은 정부에, 입법은 국회에, 사법은 법원에 권한 행사를 위임하고 있다. 그에 따라 1,600여 개의 법률을 국회가 만들었고, 정부는 그 법률에 따라 나라를 운영하고, 법률의 해석과 적용에 대한 다툼이 있을 때는 법원으로 간다.

그 법률 가운데 가장 먼저 살펴볼 것은 〈행정법〉이다. 앞의 헌법에서도 봤지만, 헌법의 명령 가운데 하나가 바로, 나라를 운영할 때 법에 따라 운영하라는 것이다. '법치행정' 또는 '법치주의'는 우리 헌법이 추구하는 가장 중요한 이념 가운데 하나다. 그래

서 행정부를 조직할 때는 〈행정조직법〉을 만들고, 행정부가 일을 할 때는 〈행정작용법〉이나 〈행정절차법〉을 만들고, 행정부에 대해 국민들이 이의를 제기할 수 있도록 〈행정심판법〉, 〈행정구제법〉, 〈행정소송법〉을 만든다. 가까운 구청부터 멀리 대통령실까지 정부기관 어디를 가든 일을 할 때 늘 법을 보게 되어 있다. 법에 어긋나는 행위를 하거나 법에 따르지 않는 경우 그 정부기관은 전부 법의 제재를 받는다. 담당자가 징계를 받거나 심한 경우에는 형사처벌을 받는다는 뜻이다.

이처럼 〈행정법〉은 헌법과 더불어 국가 운영의 기본법으로 알려져 있다. 헌법과 〈행정법〉이 제대로 작동하고 있는 나라는 최소한 나라의 기본 틀은 잡혀 있다고 보면 된다. 헌법과 〈행정법〉을 합쳐서 우리는 '공법'이라고 부른다. 공법은 변호사시험 과목 가운데 하나다.

형사법: 범죄와 형벌

나라는 힘으로 다스릴 수도 있고, 종교로 다스릴 수도 있다. 예전에는 물론이고 지금도 이런 나라가 없지 않다. 하지만 대부분의 나라는 법으로 다스리도록 되어 있다. 왕이나 천황이 아직 남아 있는 나라도 마찬가지고, 대통령이나 총리가 이끄는 나라도 마찬가지다. 누구든 헌법이 정한 바에 따라야 하고, 법률이 정한 바를 지켜야 한다. 그렇지 않으면 제 아무리 지위가 높은 사람도 처벌을 받고, 제재를 받는다. 이것이 바로 '법의 지배'rule of law라는 것이다.

법이 지배하는 나라는 〈형법〉이 제대로 되어 있어야 한다. 여기서 말하는 〈형법〉이란 범죄를 저지른 자에게 어떤 형벌을 부과할지를 적어 놓은 법이다.

인간은 원래 아주 오래 전부터 범죄를 저질러 왔다. 남의 물건을 훔치기도 하고, 남을 때리기도 하고, 들어가지 말라는 곳에 들어가기도 한다. 그 역사는 아주 길어서, 우리가 아는 법 중에 가장 오래된 법은 주로 〈형법〉이다. 고조선의 '8조금법'도 형법이고, 모세의 '십계명'도 사실은 형법이다.

오늘날 거의 모든 나라에 〈형법〉이라는 법률이 있다. 범죄가 무엇인지 정한 다음에 그 범죄를 저지르면 어떤 형벌을 부과할지 정해 놓은 것이다. 남을 속여서 재물을 빼앗으면 사기죄, 남의 물건을 훔치면 절도죄, 남을 때리면 폭행죄라고 하고, 사기죄의 경우는 10년 이하의 징역, 절도죄의 경우는 6년 이하의 징역, 폭행죄의 경우는 2년 이하의 징역에 처한다고 적어 놓는 식이다.

원래 국가가 처벌하는 범죄는 몇 개 되지 않았다. 고조선에서는 8개만 범죄로 정해 놓고 있을 정도였다. 그러다가 15세기가 되면 범죄의 종류가 수백 개를 넘고, 지금은 전체 범죄의 종류가 몇 개인지 셀 수조차 어렵게 많아졌다. 사회가 복잡하고, 인구가 많고, 사람 사이의 접촉이 잦고, 과학기술이 발달하면서 국가가 처벌하는 '나쁜 행위'의 수가 점점 많아질 수밖에 없었던 것이다. 어쩌면 우리 모두 매일 범죄를 저지를 위험에 처해 있다고 말할 정도로 범죄는 우리 생활 아주 가까이에 있다. 범죄를 저지를 가능성도 많고 또 범죄 피해를 입을 가능성도 많은 사회에 살고 있는 것이다.

그런데 범죄를 저지른 자를 사형에 처하거나 감옥에 보내 자유를 박탈하거나 벌금을 물려 경제적 어려움을 주는 것은 국가가 아주 조심스럽게 해야 할 일 가운데 하나다. 국민의 생명과 자유를 보호하는 것을 사명으로 하는 국가가 국민의 생명과 자유를 빼앗을 때는 엄격한 규칙을 지켜야 하는 게 당연하다.

가령 범죄가 발생해서 수사를 할 때부터 법에 정한 절차를 따라야 한다. 수사를 한다는 이유로 법원이 발부한 영장도 없이 남의 집을 아무 때나 드나들어서는 안 되고, 사람을 마구 잡아 가두는 것도 안 된다. 또 재판을 할 때도 객관적인 증거를 제시해서 법관의 공정한 판단을 받아야 하고, 그것도 확실한 증거가 있을 때만 유죄판결을 선고해야 한다.

이처럼 범죄를 저지른 자를 처벌할 때 국가가 지켜야 하는 법을 〈형사소송법〉이라고 한다. 그리고 〈형법〉과 〈형사소송법〉을 합쳐서 '형사법'이라고 한다. 범죄와 처벌에 관한 대표적인 법이라고 할 수 있으며, 두 번째 변호사시험 과목이 바로 형사법이다.

헌법과 〈행정법〉, 〈형법〉과 〈형사소송법〉이 제대로 작동하는 나라는 국민의 자유와 평화가 보장되는 선진국에 가까운 나라라고 할 수 있다. 그다음은 국민들이 각자의 힘으로 평화와 안전 속에서 살아가면 된다.

민사법: 계약과 불법행위

아주 작은 사회라면 모르지만 지금처럼 수십 만, 수백 만 명이 모여 사는 사회에서는 개인간 접촉이 잦을 수밖에 없다. 누구도 혼자 힘으로는 살아갈 수 없기 때문이다. 하다 못해 집 안에 틀어박혀 아무도 만나지 않겠다고 선언한 사람도 살기 위해서는 누군가의 '배달'이라도 받아야 한다.

이처럼 사람은 누구나 다른 사람의 도움이 필요한데, 그 도움을 얻는 방법 가운데 가장 중요한 것이 바로 계약contract이다. 계약이란 두 사람이 서로 '나는 이걸 해 줄 테니까, 너는 저걸 해 줘라'라고 합의하는 것을 말한다. '네가 브루클린 다리를 걸어서 건너면 내가 500달러를 주겠다' 또는 '내게 영어를 가르쳐 주면 내가 매달 20만 원을 주겠다'와 같은 사람간의 거래가 계약이다.

우리의 일상생활은 수많은 계약의 연속이다. 버스를 타는 것도 계약이고, 물건을 사는 것도 계약이고, 학교에서 공부를 하는 것도 계약이고, 배달을 받는 것도, 전화기를 사용하는 것도, OTT를 구독하는 것도 다 계약이다. 계약은 마치 촘촘한 그물처럼 나와 타인을 연결시켜 주는 역할을 한다. 그 안에서 우리는 필요한 것을 얻고, 대가를 지불하고, 국가 전체적으로는 국민경제가 정상적으로 돌아갈 수 있다.

따라서 국가의 입장에서는 국민들이 마음 놓고 계약을 하고, 그 계약의 효과로 자신들의 삶을 계속할 수 있도록 도와야 한다. 계약을 맺어 놓고도 계약대로 이행하지 않는 경우에 그것을 이행하도록 강제하는 것이 바로 국가의 역할이다.

또 사람들은 서로 접촉하면서 계약을 체결하기도 하지만, 잘못을 저지르기도 한다. 일부러 남의 물건을 부수기도 하고, 실수로 사람을 다치게도 한다. 이렇게 알면서 또는 실수로 남에게 피해를 주는 것을 '불법행위'torts라고 한다. 앞에서 본 〈형법〉에 따라 징역 등 형사처벌을 할 정도는 아니지만 어쨌든 같이 사는 다른 사람에게 피해를 준 것이기 때문에 돈으로라도 배상을 해야 한다.

이처럼 계약과 불법행위에 대해서 감독하고, 필요한 때는 개입해서 문제를 해결하는 법을 〈민법〉civil law이라고 한다. 사람들 사이의 교류가 잦은 나라에서는 〈민법〉이 발달할 수밖에 없다. 아는 사람들끼리만 사는 조그만 사회에서는 나름의 관습으로 대부분의 문제를 해결할 수 있다. 하지만 모르는 사람들이 많아지고, 인구가 많아지면 서로의 생각이 다르기 때문에 많은 규칙을 법으로 정해 주어야 한다.

예를 들면 계약대로 이행되지 않았을 경우에는 어떤 배상을 받을 수 있는지, 불법행위로 재산을 잃었을 때는 어떤 배상을 받을 수 있는지, 구체적으로 배상을 받으려면 어떤 절차를 거쳐야 하는지 등에 대해서 적은 것이 바로 〈민법〉이다. 보통은 먼저 계약에서 정한 대로 해 줄 것을 청구하고, 청구에도 불구하고 응하지 않으면 법원에 소송을 제기하는 방법을 택한다. 이처럼 계약이나 불법행위 등과 관련된 소송절차를 적은 법을 〈민사소송법〉이라고 한다.

사실, 〈민법〉과 〈민사소송법〉은 늘 우리 주위에서 중요한 역할을 하고 있음에도 우리는 그런 법이 있는지조차 잘 모를 때가 많다. 조금 더 젊어 보이기 위해 병원에서 보톡스를 맞는다고 해보자. 의사의 의무는 보톡스를 놓아서 주름이 펴지도록 하는 것이고, 우리의 의무는 그 대가로 병원비를 지불하는 것이다. 돈과 의

료행위를 대가로 하는 계약이다. 오늘 보톡스 시술을 받았다면 우리는 병원과 또는 의사와 '위임'이라는 계약을 체결했다가 성공적으로 계약을 마쳤다고 할 수 있다. 이런 계약관계가 우리 삶에 무수히도 많이 존재하며 그 덕에 우리는 성공적으로 하루를 살 수 있다.

그런데 만약 보톡스 주사 때문에 얼굴에 커다란 흉터가 생겼다면? 심지어 그 흉터가 재수술을 해도 없어지지 않을 만큼 심각한 거라면? 그때는 계약을 어긴 데 대한 책임을 물어야 한다. 의사가 알고 그랬거나, 실수로 그랬다면 얼굴에 상처가 생긴 데 대한 손해배상을 요구해야 한다.

이처럼 법은 우리 주위에 늘 존재하고, 우리의 사회생활에 개입하고 있음에도 불구하고, 보통은 사람들이 법을 어기지 않거나, 법이 정한 대로 잘 따르기 때문에 큰 문제가 되지 않는다. 그래서 우리가 법적으로 얽혀 있다는 것을 의식하지 못할 수 있다. 그러다가 앞에서 본 보톡스 사례처럼 문제가 발생하면 그때는 법이 표면에 드러나고, 법원에 갈 일이 생긴다.

그런데 문제가 생겨서 법원에 가게 되면 사람들은 큰 스트레스를 받는다. 소송에 져서 천문학적인 금액을 내야 할 경우도 없지 않기 때문이다. 그래서 계약을 많이 해야 하는 사람들, 특히 사업을 하는 사람들은 계약에 문제가 생겼을 때 굳이 법원까지

가지 않고 간편하게 해결하는 것을 선호한다.

'중재'arbitration라고 해서 소송을 거치지 않고 누가 옳고 그른지 판단해 주는 절차가 그것이다. 웬만한 문제는 미리 정한 대로 일정한 금액을 지불하고 간단하게 해결하는 방법이다. 이처럼 사업하는 사람들은 분쟁을 간단하게 해결하는 걸 좋아하는데 〈상법〉은 그런 특징을 가지고 있다. 우리가 아는 대부분의 기업들도 〈상법〉의 적용을 받는다.

〈민법〉과 〈민사소송법〉, 〈상법〉을 합쳐서 '민사법'이라고 부르고, 민사법 역시 변호사시험 과목 가운데 하나다. 특히 민사법은 변호사시험에서 가장 배점이 높은 과목이다. 법학 분야에서 가장 중요한 과목이라고 할 수 있다.

그 외의 법

공법과 형사법, 민사법이 법학에서 공부할 중요한 내용이기는 하지만, 법에는 7개의 법만 있는 게 아니다. 세금에 대해 적은 〈세법〉도 있고, 저작권 등에 대해 적은 〈지적재산권법〉도 있고, 금융기관에 대해 적은 〈금융법〉, 노사관계에 대해 적은 〈노동법〉 등 법이 다루고 있는 영역은 그야말로 사회생활 전반이다. 따라서 법학도 아주 많은 분야로 나누어져 있고, 심지어 법을 보는 철학을 따로 공부하는 '법철학'도 있다.

다만, 변호사시험은 이 중에서 〈헌법〉, 〈행정법〉, 〈형법〉, 〈형사소송법〉, 〈민법〉, 〈민사소송법〉, 〈상법〉만 본다. 그리고 선택과목으로 〈세법〉이나 〈노동법〉, 〈환경법〉, 〈국제거래법〉 등에서 하나를 정한, 총 8개 과목을 평가해서 합격 여부를 가리게 된다.

법학이 왜 문제일까?

법은 살아 움직인다. 오늘도 우리나라 곳곳에서 법을 둘러싼 다툼이 계속되고 있다. 〈헌법〉에 관해서 헌법재판소가 있고, 〈행정법〉에는 행정법원이 있고, 〈형법〉에는 형사법원이 있고, 〈민법〉에는 민사법원, 〈상법〉에는 상사법원이 있다.

이곳에 매일 엄청나게 많은 사람들이 드나들면서 재판을 받고 판결례, 즉 판례가 만들어진다. 그 양 또한 어마어마할 거라는 점은 익히 짐작할 수 있다. 따라서 법학을 공부하기 위해서는 법률이나 하위법률만을 공부해서는 안 되고, 판례도 공부해야 한다. 판례는 법원이 우리가 쓰고 있는 법을 어떻게 해석하는지를 보여 주는 것이기 때문에 비슷한 분쟁이 생겼을 때 일종의 가이드

라인 역할을 한다. 법을 제대로 안다고 말하려면 법률뿐만 아니라 판례도 잘 알고 있어야 한다. ·

이처럼 각 분야의 대표적인 법률과 판례를 읽고, 이해하고, 정리하는 것이 법학이다.

법조인이 되려면 어떻게 해야 할까?

법학을 공부하면 다양한 일을 할 수 있지만, 가장 많이 진출하는 분야는 당연히 법원이다. 헌법재판소, 행정법원, 형사법원, 민사법원이 바로 그런 법원의 예다. 법원에는 판단을 해 주는 판사가 있는데 현재 전국적으로 약 3,000명의 판사가 재판을 하고 있다.

특별한 경우를 제외하면 일반인도 법원에 소송을 제기할 수 있고, 법정에 나가서 주장할 수 있다. 하지만 변호사를 선임해서 대리하게 하는 것이 현실적으로는 가장 좋은 방법이다. 법률문제는 워낙 복잡해서 간단한 소송도 일반인이 잘 해내기가 쉽지 않기 때문이다. 게다가 형사법원에 소송을 제기하는 것은 우리 법상 검사만 할 수 있다. 피해자라고 해서 법정에 나가 피고인을 처벌해 달라고 소송을 제기할 수 없는 것이다. 이처럼 전국 대부분의 법원에서 검사와 변호사가 판사 앞에서 주장을 하고, 판결을 받는다. 판사와 검사, 변호사를 합쳐서 법을 움직이는 세 개의 바퀴라는 의미로 '법조삼륜'이라고 한다. 법률가 lawyer라고 하면 보통 이 법조삼륜을 의미한다.

이론적으로 보면 판사시험이 따로 있고, 검사시험이 따로 있고, 변호사시험이 따로 있는 게 맞다. 판사와 검사, 변호사는 하는 일이 약간씩 다르기 때문이다. 하지만 대부분의 나라는 그중에서 수가 가장 많은 변호사를 먼저 시험을 통해서 뽑고, 뽑힌 사람들 가운데 일부에게 판사, 검사 일을 맡긴다. 마치 먼저 군인을 선발하고, 그중에서 특별한 기술을 요구하는 공병이나 헌병을 따로 뽑는 것과 같다.

예전에는 전국의 모든 대학에 법학과가 있었다. 그래서 4년 동안 법학을 공부하고 사법시험에 합격하면 2년 동안 사법연수원 교육, 즉 실무교육을 받았다. 그리고 사법연수원을 졸업할 때 판사와 검사를 먼저 선발하고, 선발이 되지 않은 사람에게는 자동적으로 변호사자격을 주었다.

그런데 이와 같은 '사법고시-사법연수원' 체제에서는 수요와 공급이 잘 맞지 않았다. 변호사가 되고자 하는 사람은 많은데 실제 변호사가 되는 사람은 매년 1,000명을 넘지 않았기 때문이다. 또 수십 년씩 사법고시에 도전하는 사람들로 사회문제가 되기도 했다. 그래서 2009년부터 로스쿨, 즉 법학전문대학원 제도를 도입했다. 대학을 졸업한 다음 전국 25개 로스쿨에 진학한 사람들만 변호사시험을 볼 수 있게 한 것이다. 이 시험을 통해서 매년 1,500명 남짓 되는 변호사가 배출된다. 그중 일부는 검사 선발시험에 합격해서 검사가 되거나 5년 이상의 경력을 쌓아 판사에 지원한다. 그리고 나머지는 계속 변호사로 일하는 것이다.

사법고시는 2017년 마지막으로 역사 속으로 사라졌으므로, 이제 법조인이 되는 길은 대학을 졸업하고 로스쿨에 입학하는 방법뿐이다.

법학의 역사

일본으로부터 배운 법

19세기 중반 명치유신을 거치면서 일본은 전혀 다른 나라가 되었다. 그 이전에는 서구세력의 침입에 속수무책인 힘없는 나라였다면 이후로는 서구문물을 적극적으로 받아들여 일본 자체를 근대화했다. 그것도 서구의 과학기술만 받아들인 것이 아니라 법제도를 포함한 정치, 경제, 사회 전반의 탈바꿈을 시도했다.

일본은 동양의 법전통과 결별하고 서구사회의 예를 따라 헌법과 민법, 형법 등 기본적인 법체계를 갖추었다. 그리고 일본의 지배를 받은 우리나라 역시 일본을 통해 서양의 법을 만나게 되었다. 그리고 1948년 대한민국을 수립할 때 일본법의 판박이라 할 수 있는 법률을 제정해서 지금까지 사용하고 있다. 〈당률〉과 〈대명률〉과 같은 중국법은 물론이고, 조선시대의 〈경국대전〉과 같은 우리 고유의 법이 우리 법제도의 일부가 되지 못한 이유가 이 때문이다. 결국 지금 우리가 쓰는 법을 이해하기 위해서는 가깝게는 일본, 멀리는 독일과 프랑스, 영국, 미국 등 서양의 법을 이해하는 것이 중요하다.

서양법의 역사

그리스 · 로마 시대의 법

산지가 많은 그리스에서는 사람들의 시야가 그다지 넓지 않았다. 작은 산에 올라가서 아무리 멀리 보려고 해도 다른 산에 막혀 멀리 볼 수가 없었다. 그런 이유에선지 그리스에서 나라의 규모는 산에 올라가서 내려다 보는 크기 정도였다. 아테네와 스파르타 같은 작은 도시국가가 발달한 이유다.

도시국가의 특징 가운데 하나는 우리가 앞에서 본 법과 규범이 나누어져 있지 않다는 데 있다. 작은 부족으로 살 때는 부족의 법으로도 충분하고, 부족이 합쳐서 국가가 되어야 국가의 법이 필요해진다. 즉 나라가 커지면 규범과 법이 나누어지는 게 자연스러운 현상이다. 그런데 그리스는 그럴 필요가 없었다. 아무리 큰 나라도 작은 부족의 규모를 벗어나지 못했기 때문에 부족끼리 지키던 법과 국가의 법이 섞인 채로 존재했다.

그 결과 그리스 법에는 두 가지 특징이 있다.

첫째, 국가의 법을 적어 놓은 성문법이 따로 없었다. 나라의 규모가 크지 않았고, 인구도 그다지 많지 않았기 때문에 사람들 스스로 어떤 규칙을 지켜야 하는지 잘 알고 있었고, 굳이 문서로 만들어 돌려보지 않아도 되었다.

둘째, 법이 복잡하지 않기 때문에 법을 따로 공부한 전문가가 없었다. 판사와 검사, 변호사 같은 직업이 따로 있는 게 아니라, 일반시민들에게 그 역할을 맡겼다. 관습과 규범을 잘 알고 있는 사람들이 나와서 누군가를 변호하고, 같은 시민들이 그 주장을 듣고 옳고 그름을 판단하는 식이었다.

이런 그리스 법의 특징 때문에 오늘날 그리스 법은 다른 분야에 비해 후대에 미친 영향이 크지 않다. 제대로 된 법전이 남아 있는 것도 아니어서 그리스 법을 따로 연구한 사람들도 별로 없다. 그럼에도 불구하고, 그리스 법이 서양의 법사상에 미친 영향이 거의 없는 것은 아니다. 그리스에는 무엇보다 위대한 사상가들이 많았다. 소크라테스와 플라톤, 아리스토텔레스의 이론은 지

금도 많은 분야에서 바이블 역할을 하고 있다. 특히 그들은 올바른 사회에 대해 고민했다. 어떻게 하면 국민들이 행복한 사회가 될 수 있는지, 정의로운 나라는 어떤 나라인지 등이 그들의 철학에서 중요한 주제였다. 법에 관한 그들의 생각 역시 아주 독특하고 의미 있었다.

인류의 역사를 통틀어 생각해 보면 법은 통치수단이다. 법을 제정해서 국민에게 지키게 하고, 그럼으로써 질서를 유지하고자 했던 것이 동·서양을 막론하고 지도자들의 생각이었다. 누구도 권력자가 만든 법을 권력자 자신도 지켜야 한다는 생각을 하지 못하던 때였다. 법은 국민이 지켜야 할 것이지, 권력을 가진 자가 지켜야 할 게 아니었다.

그런데 그리스의 사상가, 그중에서도 아리스토텔레스의 생각은 달랐다. 민주주의 국가의 법은 권력을 가진 자도 지켜야 한다는 게 그의 생각이었다. Nomos라고 불리는 아리스토텔레스가 말하는 법은 합의에 참가한 자 모두 지켜야 하는 법이었다. 법이 만들어졌으면 누구도 법을 어길 수 없다는 소위 '법의 지배'rule of law 정신이 일찍이 그리스에서부터 싹튼 것이다. 동양의 법가사상도, 심지어 근대의 민족국가들도 그런 생각을 하지 못했다. 왕도, 귀족도 국민과 합의한 법을 지켜야 한다는 생각은 그리스에서 처음 나왔다. 이것이 훗날 인류사회의 발전에 얼마나 큰 역할을 하는지는 뒤에서 자세하게 설명할 것이다.

그리스 법이 우리 법학에 남긴 또 다른 유산은 자연법natural law 이다. 법은 적법한 절차에 따라 만들어지기만 하면 효력을 발휘하는 것이 아니라, 그 내용이 인간의 본성에 부합해야 한다는 사상이다. 그런데 자연법은 특이하게도 법사상가나 철학자의 이론이 아니라 그리스 비극의 대표작품인 〈안티고네〉Antigone에 나온다.

소포클레스의 작품인 안티고네는 기원전 5세기 테베라는 도시를 중심으로 펼쳐지는 이야기다. 오이디푸스(신들의 계시에 따라 아버지를 죽이고 자기를 낳아 준 생모와 결혼하게 되는 비운의 왕)의 딸 안티고네에게는 세 명의 형제가 있었다. 오빠인 에테오클레스와 폴리니세스, 여동생인 이스멘이다. 그 가운데 에테오클레스와 폴리니세스가 권력 다툼 끝에 적이 되어서 폴리니세스가 조국 테베를 공격했고, 두 형제 모두 전사했다. 당시 테베의 왕이자 안티고네의 외삼촌인 크레온Creon은 테베의 법에 따라 반역자 폴리니세스는 매장할 수 없고 시신은 길에 버려 동물 밥이 되어야 한다고 명령했다. 그리스 전통에 따르면 무덤은 영혼의 영원한 안식처인데 반역자는 그런 대접을 받을 권리가 없다고 선언한 것이다.

하지만 안티고네의 생각은 달랐다. 왕 크레온의 법에서는 그것이 합당한 조치일지 몰라도 자신이 생각하는 법에 따르면 그렇지 않았다. 반역자라도 무덤에 시신을 모셔야 한다고 생각했고 왕명을 어기고 폴리니세스를 매장하는 죄를 범했다.

화가 난 크레온은 안티고네에게 산 채로 무덤에 넣는 형벌을 선고하고, 안티고네는 스스로 목을 매서 자살하고 만다. 그런데 안티고네는 크레온의 아들 헤몬Haemon과 연인 사이였다. 헤몬은 안티고네가 죽었다는 얘기를 듣고 자살하고, 이를 본 헤몬의 친모, 즉 크레온의 부인인 왕비 유리디스Eurydice도 자살하고 만다. 안티고네로 인해 크레온의 가족이 다 죽은 것이다.

〈안티고네〉라는 작품을 통해 소포클레스는 사람이 만든 법과 자연이 만든 법이 다를 수 있고, 사람이 만든 법이 다 옳은 것은 아니라는 점을 강조하고 있다. 이런 소포클레스의 사상은 훗날 자연법이라는 이름으로 역사 속에서 수도 없이 되살아난다. 법은 만드는 과정뿐만 아니라 그 내용도 인류의 상식에 부합해야 한다는 주장으로, 법을 이용한 독재에 맞서는 중요한 수단이 된 것이 바로 자연법 사상이다. 이처럼 그리스 법은 구체적인 법률로서가 아니라 법치주의와 자연법 사상을 통해 서구사회에 큰 영향을 끼쳤다.

로마법대전

그리스와 달리 로마는 법이 특히 발달한 나라였다. 우선 땅과 인구가 비교가 되지 않게 넓고 많았다. 남아프리카부터 북부 유럽까지, 스페인에서 인도까지 전성기 로마 땅은 지구 전체의 3분의 1에 이를 만큼 컸다. 그 안에서 무수히도 많은 인종이 살았기 때문에 다툼도 많았다. 그리스 민족과 달리 로마는 '모르는' 사람들끼리 모여 살던 사회였으므로 법이 발달할 충분한 이유가 있었던 것이다.

게다가 그리스와 로마 사람들은 품성이 달랐다. 그리스 사람들이 상상력이 풍부하다면, 로마 사람들은 계산이 빨랐다. 이 때문에 그리스는 우뇌의 민족, 로마는 좌뇌의 민족이라고 부르기도 한다. 로마는 사람과 사람 사이의 관계를 어떻게 맺어야 하는지를 깊이 연구했다. 유명한 법학자들이 많이 배출되었고, 그들이 로마의 질서를 확고히 하는 데 아주 중요한 역할을 했다.

그런데 이렇게 발달한 로마의 법을 통일한 것은 유명한 법학자나 이론가가 아니라 엉뚱하게도 동로마제국의 유스티니아누스였다.

로마는 약 1,000년에 가까운 전성기를 누렸으나 5세기에 게르만족에게 멸망당했다. 다행히 로마의 오른쪽에 해당하는 동로마가 남아서 동로마제국이라는 이름으로 1,000년 동안 더 존속했는데, 유스티니아누스는 바로 동로마제국의 황제 중 한 명이었다.

한 가지 더 특이한 것은 유스티니아누스는 경호원 출신이었고, 부인 테오도라는 천민 출신의 춤추던 여자였다. 527년 황제의 자리에 오른 유스티니아누스가 나라를 제대로 다스린 것도 아니었다. 테오도라가 믿던 사이비 종교에 빠져 사람을 죽이는 일을 서슴지 않고 자행했다. 이전 로마 황제 전부가 죽인 사람들보다 더 많을 정도였다. 누구는 칼리굴라_{로마의 제3대 황제} 이래 최악의 지배자였다고 하고, 누구는 100년 후 마호메트가 이슬람교를 창시하는 데 유스티니아누스가 최대 공로자라고 했다. 황제가 믿는 기독교가 싫어서 이슬람교를 믿는 사람이 많았다는 뜻이다.

이처럼 악명 높은 황제 유스티니아누스에게는 두 가지 꿈이 있었다. 하나는 이미 없어지고만 로마제국을 부활하는 것이고, 다른 하나는 로마의 법을 통일하는 것이었다. 그는 로마의 법을 통일하면 로마제국의 부활도 가능하다고 믿었다. 그래서 당시 유명한 법학자들을 시켜서 10년 사업으로 로마법 통일을 시도했다. 길게는 수백 년 전 발표된 법학자들의 견해를 묶어서 '다이제스트'(요약집)라는 로마의 '법이론 총서'를 만들게 했다. 총 300만 줄에 이르는 법학자들의 저서를 읽고 50만 단어, 50권의 책으로 '요약'한 책이다. 이 다이제스트를 포함해서 총 4부작에 이르는 법학총서를 〈로마법대전〉이라고 부른다.

로마법은 사실, 지금의 시각으로 보면 이상한 법 중 하나다. 로마법 4부작 가운데 가장 유명한 '다이제스트'는 법학자들의 이론을 모은 책이다. 그것도 '동'로마제국 황제의 명을 받아 이미 없어진 '서'로마제국의 300년 전 법학자들의 책을 읽고 발췌한 것이다. 그런 다음 다른 책들은 모두 불태워 없앴다. '법학에 관해서는 이것만 봐라! 이게 정통이다!'라고 선언하는 책인 것이다. 로마법의 부활이라는 이름으로 굳이 이런 무모한 짓을 했어야 했나 의문스러운 대목이 아닐 수 없다.

그런데 다시 500년이 지나 중세 봉건제도가 무너지고 도시가 발달하면서 새로운 시대가 열렸다. 사람들은 중세의 농지를 벗어나서 자유롭게 경제생활을 하고, 거래를 하면서 새로운 세상을 열어나가고자 했다. 그러기 위해서는 거래의 규칙을 정할 필요가 있었다. 즉 법이 필요했던 것이다.

마침 이탈리아의 대학에서 〈로마법대전〉이 발견되어 학자들은 그걸 공부하기 시작했다. 그런데 그 내용이 대단했다. 어떻게 이런 기발한 생각을 할 수 있었을까 감탄을 금할 수 없는 법 이론들이 수면 위로 드러났다. 당시 유럽에서 공부깨나 한 사람들은 라틴어 정도는 읽을 줄 알았기 때문에 많은 유럽의 학자들이 로마법에 열광해 이탈리아 유학길에 올랐다.

수많은 사람들이 로마법을 공부했고, 공부를 마친 다음 각자 고국으로 돌아가 로마법을 전파했다. 헌법이나 형법보다는 먹고 사는 일이 걸린 민법이 문제였는데 로마법은 기본적으로 사람 사이의 관계에 관한 법, 즉 민법이었다. 군주국이든 공화국이든 상관없이 도시로 나와 경제생활을 하는 사람들이라면 누구에게나 적용되고, 또 적용되어야 할 법이 민법이다. 국적이나 종교에 관계없이 사람들은 물건을 사고팔면서 생존을 도모해야 했다. 그래서 로마법이 모든 사회의 기초법으로 환영을 받을 수밖에 없었다.

로마법은 몇 세기 지나지 않아 유럽의 보통법common law이 되었다. 유럽 어디를 가든 로마법만 알면 법 문제는 다 해결이 됐다. 국경을 넘어 다른 나라로 가는 데 대한 두려움을 크게 느끼지 않아도 되었다. 거기서도 로마법이 통용되기 때문이다. 분쟁이 생겨 법정에 가도 로마법을 배운 사람들이 판사를 하고 변호사를 했다. 법에 관한 한 이 법이 맞다, 저 법이 맞다 다툴 이유가 없었다. 로마법이 유럽의 법으로 자리잡게 된 것이다. 그 덕에 중세의 혼란을 마치고 로마법이라는 법이 지배하는 안정된 사회로 변할 수 있었다.

로마법에는 특히 편견이라는 게 없다. 종교의 차이도, 민족과 인종의 차이도 문제가 되지 않았다. 누구에게 어떤 권리가 있고,

누구에게 어떤 의무가 있는지 정해 주는 법이 로마법이었다. 로마법을 '쓰여진 이성'이라고 부르면서 유럽의 지식인들이 열광한 이유다.

로마법은 곧 유럽 전체를 통합하는 법이 되었다. 나라에 따라 약간 차이가 있을 뿐, 로마법은 유럽 민법뿐만 아니라, 유럽법의 기초 역할까지 수행하게 되었다.

로마법이 지배하는 시대로

인류가 법률이라는 제도를 가진 지는 아주 오래 되었다. 〈함무라비 법전〉부터 시작해서 중세의 교회법까지, 사회가 있는 곳에는 늘 법이 있었다. 하지만 고대법과 중세법은 다음과 같은 기본적인 한계를 가지고 있다.

첫째, 법과 규범, 판결이 나누어져 있지 않았다. 도덕이나 관습은 사실 법이 아니다. 그럼에도 고대법과 중세법은 도덕과 관습, 법을 혼동하고 있었다. 아니 정확히 말하면, 도덕이나 관습과 법의 차이를 정확히 알지 못했다. 그래서 법이라는 이름이 붙었지만 내용을 들여다 보면 도덕이나 관습에 불과한 것이 부지기수였다. 지켜야 할 것이라는 점에서는 다르지 않았지만, 특정 부족의 규범에 지나지 않는 관습을 법이라고 부를 수는 없었다. 또 지켜야 할 법과 특정 사건에서 법원의 판단에 지나지 않는 판결은, 그 내용이 당연히 다르다. 법은 모든 경우에 적용될 것을 예정하고 있지만, 판결은 특정 사건에 관해 내려진 결정으로, 엄밀히 말하면 적혀야 할 장소가 다르다. 법은 법전에 적고, 판결은 판례집에 적어야 한다. 그런데 로마법 이전의 법은 이런 차이를 알지 못했다. 대부분 마구잡이로 섞어 놓았다. 법이라 부르고 있지만 실상은 관습과 도덕, 판결문 덩어리인 경우가 많았다.

둘째, 그렇기 때문에 고대법과 중세법은 체계가 없었다. 편, 장, 절과 같이 법의 구조를 나누는 데 익숙하지 않고, 심하게 말하면 생각나는 대로 여러 개의 조문을 늘어놓은 것이 대부분이다. 영국의 〈마그나 카르타〉가 그렇고, 〈함무라비 법전〉, 이슬람법 등이 그렇다.

반면에 로마법은 차원이 다르다. 사회를 유지하기 위해 필요한 법을 논리적인 순서에 따라 원칙과 예외로 나누고, 공법과 사법으로 나누면서 체계적으로 쌓아 올린 것은 로마법이 유일하다. 중세의 지식인들의 눈으로 볼 때 로마법이 특별했던 이유다.

게다가 로마법은 감정에 치우치지 않고 이성적으로 사람들 사이의 관계를 규율한 법이었다. 인종과 종교, 지역을 불문하고 어디에 적용해도 될 만큼 중립적이고, 합리적이다. 게르만족과 라틴족의 거래와 혼인에도 두루 쓰일 수 있고, 정치적인 색채도 거의 없다. 시대를 넘어 중세에 쓰인다고 해도 전혀 어색하지 않을 만큼 인류 공통의 고민을 담고 있었다.

거래는 어떻게 이루어져야 하는지, 유언과 상속의 진위는 어떤 방식으로 확인할 수 있는지, 소송은 어떻게 진행되어야 하는지 등에 대한 광범위한 해답을 보여 준다. 이제 막 중세의 환상에 벗어나 새로운 사회를 만들어 가고자 하는 사람들에게 그만한 가이드라인은 없었다.

로마법의 출현으로 유럽사회의 발전이 가속화되었다. 그렇잖아도 지식인들 사이에서는 라틴어가 공용어였던 시대다. 로마법은 라틴어로 된 유럽의 기본법이자 보통법으로 유럽통합에도 한 몫을 단단히 했다. 남부 유럽부터 북부 유럽까지 로마법을 공부한 사람들이 포진해서 법원과 관공서에서 중요한 위치를 차지했고 그렇게 한동안 로마법 전성시대가 계속되었다.

프로이센 일반란트법

12세기에 재발견되어 16세기와 17세기 유럽 보통법의 자리를 차지한 로마법의 문제점을 제기한 것은 엉뚱하게도 18세기 유럽의 계몽군주였다.

유럽의 왕실도 왕실이지만, 유럽의 법원은 그야말로 로마법 일색이었다. 프로이센의 지역법원도 로마법을 공부한 판사가 재판을 맡았다. 그리고 이들은 지역의 유지와 결탁해서 지역민들에게 불리한 법 해석을 계속했고, 그 근거 역시 로마법이었다. 로마법을 자세히 알 리 없는 평범한 시민들에게는 도무지 이해가 되지 않는 판결도 많이 나왔다. 그중 하나가 유명한 '아놀드 소송'이다.

오늘날로 치면 폴란드 서부 지역에 속하는 포머찌히Pommerzich 근처에 사는 평민 아놀드는 슈메타우 백작 땅에서 제분소를 운영하고 있었다. 그런데 인근의 토지를 소유한 다른 귀족이 제분소로 향하는 물길을 자신의 땅으로 흐르도록 바꾸는 바람에 제분소를 운영할 수 없게 되었고, 임료 지급 소송을 당해 패소하게 되었다. 물길을 제멋대로 돌려놓는 바람에 임료를 지급하지 못한 것인데 법원이 자신에게 불리한 판결을 선고한 것이었다. 관할법원의 친親귀족 – 친親원고 성향을 이유로 판결의 정당성을 의심했던 아놀드는 항소했고, 항소마저 기각되었음에도 불구하고 다시 베를린 중앙정부에 탄원한 끝에 사건은 베를린의 제실법원으로 이송되었다.

마침 지방 귀족세력을 통제하려 했던 프리드리히 대왕Friedrich der Große은 당시 국법상 가능했던 대권판결Machtspruch을 통해 개입했다. 담당 법관을 금고형에 처하는 한편 아놀드에 대한 손해배상까지 명했으며, 사법장관도 해임해 버렸다. 그런 다음 카르머라는 학자에게 전권을 주어 지역 유지들의 입맛에 맞는 법이 아니라, 국민생활 전반을 합리적으로 규율할 수 있는 새로운 법을 만들도록 했다. 새로운 법은 특히 로마법 뒤에 숨어 지역에서 전권을 행사하는 판사들의 힘을 빼앗는 법이어야 한다고 강조했다. 판사들도 새로 만든 법률과 법조문에 엄격히 구속되어 오로지 법률에 따라서만 판결하도록 해야 하고, 판사가 재량을 발휘할 여지도 남기지 말라고 요청했다. 그 결과 19,000여 개 이상의 조문을 담은 새로운 법이 탄생했는데, 이것이 바로 1794년 〈프로이센 일반란트법〉이다.

〈프로이센 일반란트법〉에는 당시 유럽 전역에 퍼진 판사, 즉 법복귀족에 대한 반감이 강하게 담겨 있다. 판사들이 지역 유지와 결탁해 평민들에게 불리한 판결을 해 오던 것에 철퇴를 가하는 의미에서, 판사의 해석이 필요 없는 법전을 만들게 된 것이다. 로마법을 무기로 유럽 전역의 법원을 장악한 판사를 사실상 몰아내는 법이었다.

그로부터 몇 년 지나지 않아 나폴레옹도 프랑스 법의 법전화 작업에 착수해 〈나폴레옹 법전〉을 만들었다. 〈프로이센 일반란트법〉 정도는 아니지만 판사의 자의적인 해석의 여지를 줄인 방대한 양의 민법전도 그 안에 포함되어 있었다.

　명치유신 이후 일본은 〈나폴레옹 법전〉을 가장 최신의 법이라고 생각하고 이를 수입해서 민법과 형법을 만들었다. 그런데 그 짧은 사이에 유럽은 다시 풍경이 바뀌었다. 〈프로이센 일반란트 법〉과 〈나폴레옹 법전〉 모두 너무 극단적이라는 평가를 받게 된 것이다. 겨우 몇 명의 법학자가 모여서 '이게 가장 좋은 법이다' 라고 만든 것이 과연 현실에 맞느냐 하는 문제도 제기되었다. 법도 문화이고, 법에도 오랜 역사가 있는데, 하루아침에 '가장 합리적인 법'이라는 이유로 기존의 모든 법을 없애 버리고 새로운 법전을 내놓는 게 정상적이지 않다는 게 취지였다.

　판사들에게 법을 해석조차 하지 말라고 한 것도 말이 되지 않는다. 판사가 아무리 싫어도 법이 어떻게 모든 경우의 수를 적어 놓을 수 있단 말인가. 일상생활에서 발생하는 지극히 다양한 분쟁을 법이 다 예견하고 그 해법을 적어 놓을 수 있다는 생각 자체가 사실은 오만하고 무모하다. 법을 새로 제정할 생각이었으면 로마법이든, 관습법이든, 한 국가가 그동안 지켜온 수많은 법들을 잘 모아서 실제 생활에 적용할 만한 현실적인 법을 만들어야 한다는 주장이 제기되었다. 독일의 유명한 법사학자 사비니의 생각이었다.

　이런 사비니의 주장이 받아들여져 19세기 후반 통일 독일의

〈민법전〉이 만들어졌는데 〈프로이센 일반란트법〉이나 〈나폴레옹 법전〉과는 당연히 많이 달랐다. 전체 구조는 로마법의 구조를 따르면서도, 독일의 이전 법령 등을 모두 모아놓은 독일 민족의 법전이라고 할 수 있다. 일본은 〈나폴레옹 법전〉보다 이 독일 법전이 자신들의 정서에 훨씬 더 맞다는 결론을 내리고 그 법을 본떠 대대적인 법 개정 작업에 들어갔다.

결국 우리가 일본을 통해서 받아들인 법은 비스마르크가 1870년 독일을 통일한 후에 새로 제정한 '독일 민법'과 '독일 형법'이 주다. 그 안에 독일 중세 및 근대의 법과 로마법이 골고루 들어가 있는 것이다.

국가경영 기본법《경국대전》

서양만 법학이 발달했던 것은 아니다. 우리나라에도 훌륭한 법률과 법학유산이 적지 않다. 고조선의 8조금법은 물론이고 삼국시대에는 율령(律令('율'은 형법이고, '령'은 행정법)이 공포되었고, 고려시대에는 중국의 당률(唐律)을 수용한 71개조 법률이 있었다.

하지만 그중에서도 가장 중요한 법률은 국가경영의 기본법이라고 할 수 있는 조선시대의 〈경국대전〉이었다. 〈경국대전〉이 현재 우리나라 법으로 계승되지 못한 것은 우리 법학의 역사에서 아주 아쉬운 부분 중 하나다. 그만큼 〈경국대전〉 자체는 훌륭한 국가의 기본법이었다.

인류의 역사를 봉건주의 시대와 근대로 나눈다면 우리나라의 고려시대는 봉건주의에 속한 시대였다. 즉 국가가 권력의 중심이 되지 못하고 각 지방의 귀족들에게 권력이 분산되어 있었다.

우리나라와 같은 농업중심국가에서 가장 이상적인 국가의 모습은 농업생산이 늘어나고, 늘어난 생산량에 비례해서 국가가 더 많은 세수를 거두어들인 다음 이를 한편으로는 국력을 강화하는 데 쓰고, 다른 한편으로는 가난한 백성들을 구제하는 데 쓰는 것이다. 이와 같은 부국강병과 근대화의 길로 갈 수 있는 절호의 기회가 고려 말 조선 초였다는 데 많은 학자들이 동의하고 있다. 그때 우리나라의 농업생산력이 비약적으로 증가해 중앙집권적인 근대국가로 갈 수 있는 초석이 마련되었기 때문이다.

하지만 근대로 가는 길에 중요한 걸림돌이 하나 있었는데 바로 지방의 권문세가였다. 원래 국가가 힘이 없던 시대에는 지방의 권문세가들이 농토를 관리하면서 세금을 걷고, 지역의 안전을 책임지는 역할을 했다. 중앙정부가 이들에게 세금을 걷을 권한, 즉 수조권을 위임해 두었던 것이다. 고려시대 말기에는 수조권을 바탕으로 권문세가들의 힘이 막강했기 때문에 국가권력이 이들

〈경국대전〉

〈경국대전〉은 인사, 조세, 국가의 의식, 국방, 범죄의 처벌,
국가의 건설에 관한 법률이며 여기에 왕이 명령한 내용을 추가해서 만들었다.
즉 국가기본법과 왕명을 모은 것이다.

의 눈치를 볼 수밖에 없었다.

고려 말 지방의 중소지주 출신인 신진사대부는 이와 같은 국가경영 방식이 마음에 들지 않았다. 지역 권문세가는 농민으로부터 얻은 세금을 자기들 곳간을 채우는 데 사용하고, 국가를 부강하게 하는 데는 관심이 없었다. 권문세가는 국가로 가야 할 세금을 가로챌 뿐만 아니라, 지역의 농민들을 노비로 전락시켰다. 그래야 국가의 군역, 즉 군복무가 부과되지 않기 때문이다. 국가를 지키러 나가는 대신 자신들을 위해 농사만 짓게 했다. 결국, 권문세가가 득세하는 나라에서는 세수도 줄고, 군인도 주는 이중고가 발생했다. 권문세가들이 그들에게 주어진 지역통치 권한을 남용해서 점점 국가의 힘을 빼 놓는 역할을 한 것이다.

여기에 종교도 한몫을 했다. 고려 말 권문세가들의 종교였던 불교 역시 사원을 중심으로 권문세가가 누리는 권력을 나누어 가졌다. 이들의 폐해를 잘 알고 있는 신진사대부는 이성계를 옹위하면서 새로운 나라를 만들기로 했고, 백성들의 폭넓은 지지를 받아 조선왕조를 열게 되었다.

유교와 성리학으로 무장한 신진사대부는 새로운 조선에서 가장 필요한 것이 권문세가의 힘을 빼고 국가를 중심으로 하는 정치를 만드는 것이라고 생각했다. 국가가 직접 농민에게서 세금을 거둬 이 중 일부는 국가경영을 위해서 쓰고, 나머지로는 빈민을 구제하자는 것이다. '경제'란 이처럼, 나라를 경영하고(경), 가난한 사람을 구제하는(제) 것을 의미한다. 즉 신진사대부는 경제를 되살려서 부강한 나라를 만들려고 했다. 세금을 내는 백성들 모두 공평하게 군역에 종사하게 되면 외침으로부터 자유로운 강력한 국가를 만들 수 있다는 것이다.

그런데 이와 같은 신진사대부의 계획을 가장 앞서서 반대한 것이 바로 고려 말의 권문세가였다. 그들은 중앙집권적인 국가에 반대했다. 그렇게 되면 결국, 자신들의 기득권이 없어지기 때문이다. 국가 전체의 통일적인 법령도 반대했다. 각 지역의 관습법으로 얼마든지 해결할 수 있는데 왜 국법이 필요하냐며 반문하곤 했다. 국법에 따라, 국법에서 정한 대로 세금을 내는 것은 결국 자신들의 이익에 반한다고 믿었기 때문이다.

결국 조선 초기에는 신진사대부와 왕을 한 축으로 하고, 지역의 권문세가를 다른 한 축으로 하는 이념논쟁이 치열하게 펼쳐졌다. 신진사대부의 중요한 주장 가운데 하나가 바로 '국가경영의 일반법', 즉 〈경국대전〉을 편찬하는 일이었다.

〈경국대전〉은 이전, 호전, 예전, 병전, 형전, 공전 등 총 6개의 분야로 나뉜다. 이전은 인사에 관한 법률이고, 호전은 조세에 관한 법률, 예전은 국가의 의식에 관한 법률, 병전은 국방에 관한 법률, 형전은 범죄의 처벌에 관한 법률, 공전은 국가의 건설에 관한 법률이다. 이런 법률에다 각 시대에 맞게 왕이 명령한 내용을 추가해서 만들었다. 즉 국가기본법과 왕명을 모은 것이 바로 〈경국대전〉이다.

〈경국대전〉 가운데 유일하게 형전만큼은 새로 만들지 않고 〈대명률〉, 즉 명나라 때 형법전으로 대체했다. 그만큼 〈대명률〉의 내용이 탁월했기 때문이다. 〈대명률〉은 〈경국대전〉이 없던 시대에도 조선의 형법으로 실제로 적용되고 있었다. 결국, 조선시대 대표적인 법 두 개를 들라고 하면, 하나는 〈경국대전〉이고, 다른 하나는 〈대명률〉이다.

조선 초 〈경국대전〉의 편찬에 관해서는 앞에서 본 것처럼 방해하는 세력이 만만치 않았다. 그래서 세종 때 시작한 일을 세조 때 이르러서 완성했고, 정작 이것을 공표한 것은 성종 때였다. 만들고도 법으로 선언할 수 없었다는 것은 귀족들의 반대가 그만큼 극심했음을 보여 주는 대목이다.

성종 때 반포한 후에도 〈경국대전〉에 대한 반감은 수그러들지 않았다. 〈경국대전〉의 핵심 키워드는 국가가 세금을 공평하게 걷어서 국가 경영과 가난한 사람들의 구제를 위해서 쓰고, 세금을 내는 백성들 위주로 군을 유지하는 데 있었다. 권문세가와 지역유지, 귀족들의 기득권 보호에 관한 내용은 없었다. 그러니 양반들의 심기가 불편할 만도 했다.

이것은 우리나라만의 문제가 아니었다. 봉건주의에서 근대로 넘어오는 길에는 늘 기득권을 가진 귀족들의 반대가 있었다. 수많은 사화와 당쟁, 탕평책 등이 나왔던 것을 보면 왕과 귀족간의 다툼이 얼마나 치열했는지 알 수 있다. 그 바람에 국가경영의 기본법이라고 할 수 있는 〈경국대전〉은 제대로 된 대접을 받지 못했다. 법이 법으로서의 권위를 끝까지 인정받지 못하고, 역사 속으로 사라지고 만 것이다.

성종 시대로부터 다시 수백 년이 흐른 대원군 시대에 와서도 〈경국대전〉의 복원을 위해 애를 썼던 것을 보면, 법을 통한 국가 근대화의 염원이 얼마나 큰 것이었고, 그 반감 또한 얼마나 지독했는지 알 수 있다. 결국 우리는 우리 힘으로 근대국가의 길을 열 기회를 놓쳤고, 〈경국대전〉 대신 일본법을 가져다 써야 했다.

〈경국대전〉은 한마디로 말하면, 조선시대의 헌법과 행정법이다. 조선시대는 상업이 아니라 농업 국가였기 때문에 민법과 상법에 대한 수요는 크지 않았다. 국민들간의 거래는 법률이 아니라 관습법으로 충분했다. 또 형법과 형사소송법 분야는 〈대명률〉이 그대로 적용되다가 일제강점기를 맞아 독일법을 기본으로 한 일본 형법과 일본 형사소송법으로 대체되었다. 그렇게 우리 법전을 편찬할 기회를 놓치고 말았다.

일본 역시 자신들의 고유법 대신 서양 법을 받아들였다. 하지만 일본은 외국법을 받아들이되 자신들의 입맛에 맞게 '선택적' 으로 받아들였다. 독일 민법과 독일 형법은 받아들이면서도 프랑 스 헌법이나 미국 헌법은 받아들이지 않았다. 천황제를 유지해야 했기 때문이다.

해방이 되고 나서 일본의 법제도를 거의 그대로 유지한 우리 나라도 잘못 하면 군주제 국가가 될 뻔했다. 이미 대한제국 시대 에도 군주제를 유지하는 헌법 제정을 시도하기도 했다. 하지만 다행스럽게도 우리에게는 임시정부가 있었다. 임시정부는 진작 부터 외국의 선진법제를 받아들여 민주공화국의 기틀을 다져가 고 있었다. 해방이 되고 나서 헌법만큼은 일본과는 달리 민주공 화국 헌법으로 반포하게 된 이유가 그 때문이다.

로마와 미국 헌법은 어떤 관련이 있을까?

미국이 식민지 종주국 영국과의 전쟁에서 거의 이겨갈 무렵, 13개 주의 대표들은 한 가지 중요한 고민에 쌓였다. 영국을 물리치고 새로 미국 땅에 만들 나라가 어떤 나라이면 좋을까 하는 것이었다.

유럽 각국은 이런 고민을 심각하게 할 필요가 없었다. 프랑스나 독일, 이탈리아 모두 아주 오래 전부터 같은 땅에서 같은 민족으로 살아왔다. 같이 로마의 지배를 받았고, 같이 봉건제도에 들어섰으며, 같이 왕이 지배하는 군주국이 된 채 18세기를 지나고 있었다. 나라를 새로 세울 일도 없었으며, 또 세운다고 해도 별 문제가 아니었다. 왕을 내리고 다른 왕을 올리면 되고, 왕을 없애면 다른 통치자를 만들면 되었다.

하지만 미국은 달랐다. 영국이 물러나고 13개 주가 모여 만들어진 미국은 따를 모델이 없었다. 프랑스를 모델로 할 수도 없었고, 영국을 모델로 할 수도 없었다. 유럽의 온갖 인종들이 건너와 함께 살게 된 미국이라는 나라는 역사상 유례가 없는 나라였기 때문이다.

그래서 미국 헌법의 대표 50인은 몇 달에 걸쳐 고민을 거듭했다. 그러다가 가장 처지가 비슷한 나라를 역사에서 찾게 되는데, 바로 로마였다. 광대한 땅에 모인 이민족의 모임이라는 점에서 로마가 미국과 가장 비슷했다. 그것도 로마 시대 공화국 체제라면 가장 좋을 것 같았다. 주권은 국민 모두에게 있고, 통치 자만 하나 뽑으면 될 것 같았던 것이다.

결국 대통령이라는 직위를 만들고, 대신 3권을 분립시키기로 했다. 그런 다음 법원과 국회 등을 일사천리로 만들어 갔다. 2천 년 전 로마 공화국과 비슷한 나라를 구상한 것이다. 대표들은 이렇게 만든 헌법을 의회에 제출했다. 그런데 의회에서 바로 거부당하고 말았다. 권리장전이 없다는 이유에서였다. 대표들은 부랴부랴 버지니아 주 헌법에 들어 있는 것과 비슷한 국민 기본권 목록을 추가했다. 미국 헌법의 기본권 조항에 '수정헌법'이라는 이름이 붙은 이유다.

그렇게 해서 미국은 공화국 체제를 기본으로 하고, 권력분립을 통해 국민의 기본권을 보장하는 새로운 헌법을 갖게 되었다. 우리나라를 비롯한 신생국가들이 두루 흉내내게 될 '모범헌법'이 탄생한 것이다.

헌법과 법의 지배

공화국이란 무엇인가?

헌법학의 고민은 크게 세 가지로 나눌 수 있다. 하나는 어떤 나라를 만들까 하는 것이고, 또 하나는 국민의 권리를 얼마나 보장할까 하는 것이고, 마지막 하나는 헌법에 어떤 내용을 포함할 것인가 하는 점이다. 이에 대해서 하나하나 살펴보자.

우리 헌법 제1조는 '대한민국은 민주공화국이다'라고 선언함으로써 군주제와 귀족제는 당연히 안 된다고 명시하고 있지만, 사실 역사적으로 가장 인기가 있는 것은 군주제였다. 프랑스도 혁명 이전에는 군주제였고, 독일은 19세기까지도 군주제를 유지했으며, 일본은 지금까지 군주제를 유지하고 있다. 유럽에도 아직 군주가 남아 있는 나라가 여럿인 걸 보면 민주제가 그다지 매력적인 제도는 아닌 것 같다.

민주제의 가장 큰 단점은 실현하기가 쉽지 않다는 것이다. 왕이나 몇몇 귀족이 모여서 통치하는 것은 어디서나 흔히 보는 일이고 지금도 가능한 일이지만, 국민 전체가 모여서 통치하는 예는 쉽게 찾을 수 없다. 그리스같이 작은 나라에서라면 모르겠지만, 인구 수백 만, 수천 만을 바라보는 큰 나라에서 민주주의를 말 그대로 실현하기는 쉽지 않다. 그래서 오늘날 선진각국은 주권이 국민에게 있다고 선언하면서도, 국민의 위임을 받은 사람들이 실제로 나라를 운영하도록 한다. 바로 민주 '공화국'이다.

원래 공화국의 개념은 고대 로마에서 시작되었다. 로마는 국가와 별도로 시민사회라는 개념을 만들어 낸 바 있다. 여기서 말하는 시민사회란 국가가 존재하지 않을 때 시민들이 모여서 살던 사회를 말한다. 시민들은 안전을 위해 사회를 만들었고, 그 사회 속에서 각자의 권리를 향유했다. 따라서 국가의 힘을 빌리지 않아도 시민사회가 시민들을 보호할 수 있었다. 다만 그보다 확실한 안전장치를 위해 국가를 만든 것이고, 국가에게 시민사회를 보호할 임무를 부여했다. 로마는 이와 같은 국가와 시민사회의 이분법에 따라 '공화정'이라는 체제를 만들었다. 시민사회가 선출한 대표자가 국가를 운영하도록 한 것이다. 그렇게 위임 받은 권력의 속성은 종래 왕정과 군주정, 귀족정과는 다르다. 왕이나 군주, 귀족은 자신이 가진 권력을 행사하는 것이지만, 공화정을 대표하는 자는 스스로의 권력이 아니라 국민의 위임을 받은 권력을 국민을 위해서 쓸 뿐이다.

민주공화국에서 권력은 국민을 보호하기 위한 목적으로만 사용해야 한다. 말은 공화국이라고 해 놓고 국민을 억압하는 식으로 권력을 행사해서는 안 된다. 따라서 선진각국은 국가가 국민의 위임을 받아 행사하는 권력을 세 개로 나누어 놓고 있다. 행정은 대통령이 담당하고, 입법은 국회, 사법은 법원이 하도록 해 놓은 것이다. 권력이 한 곳으로 집중되어 잘못 행사되는 것을 막고, 국가기관들이 서로 견제하도록 했다.

국민의 기본권 보장: 권리장전Bill of Rights

로마가 무너지고 긴 중세가 끝난 다음 새로운 나라를 꿈꾸는 사람들은 로마시대의 공화국의 이념을 실제로 구현하고자 애썼다. 국민의 기본권이 보장되는 나라를 만들려고 한 것이다. 특히 영국의 경우는 이런 욕구가 더 컸다.

영국은 원래 앵글스족과 색슨족의 나라였고, 뒤늦게 데인족이 합류해서 한 나라를 이루고 있었다. 그런데 1066년 당시 프랑스의 노르망디로 내려와 공국을 이루고 있던 노르만족이 쳐들어왔고 그 결과 영국과 노르망디를 합친 거대한 나라가 만들어졌다. 영어가 아닌 프랑스어를 쓰는 노르만 족의 지배를 수백 년 동안 받게 된 것이다.

그나마 12세기 헨리 2세 때까지는 영국 국민들의 반감이 그리 크지 않았다. 그러나 헨리 2세의 아들 존왕의 정치는 너무나 실망스러웠다. 프랑스에 가지고 있는 땅을 하도 많이 잃어버려서 역사는 그를 '실지왕'이라는 별명으로 부를 정도였다. 그런데도 영국으로 오기만 하면 폭군이 되어 반대파를 탄압하고, 무자비한 수탈을 일삼았다. 그 수탈을 고스란히 받아내야 했던 남작들이 반란을 일으키게 된 이유다.

그는 러니메드 전투에서 반란군들이 내미는 항복문서를 받아들였다. 그것이 바로 〈마그마 카르타〉다. 라틴어 '마그나'는 영어로 great라고 번역할 수 있고, '카르타'는 charter 라고 번역할 수 있다. 우리말로 '대헌장'이다.

'대헌장'이라고 해서 그 안에 무슨 대단한 내용이 들어 있던 건 아니었다. 반란군의 요구사항이 많아서 '큰 종이'가 필요했을 뿐이다. 그 요구사항 가운데 가장 중요한 것은 당연히, 헨리 2세 때의 배심제(배심이라고 불리는 시민들이 재판을 하는 제도) 부활과 수탈 금지였다. 하지만 그런 것과는 전혀 상관없는 자질구레한 내용도 많았다. 또 법조문처럼 제1조, 제2조, 이렇게 되어 있었던 것도 아니다. 그냥 요구사항을 쭉 적어 내려갔고, 숫자를 붙인 것도 후세 사람들이 연구의 편의를 위해서 한 일이었다.

그것 외에도 이 대헌장의 허점에 대해서는 할 말이 많다.

첫째, 대헌장은 무효화된 문서였다. 서명을 하고 나서 석 달도 지나지 않아 존왕은 강압에 의한 서명이었다는 이유로 대헌장이 무효라고 선언했고, 다시 왕과 남작 사이에 내전이 벌어졌다. 존왕이 설사병으로 죽은 다음에 왕위를 물려받은 겨우 9살 먹은 헨리 3세 시절, 왕의 측근들이 마지못해 두 번째 대헌장에 서명했는데, 그 내용이 첫 번째 대헌장과는 많이 달랐다. 그리고도 대여섯 번 정도 개정되어 실제 대헌장은 1215년판, 1217년판, 1227년판 등 여러 판이 있다.

둘째, 대헌장은 귀족과 왕 사이의 합의문이지, 국민 전체의 권리를 보장하는 문서가 아니다. 대헌장에 자주 등장하는 freeman이라는 단어는 '국민'이나 '시민'을 뜻하는 단어가 아니다. 땅을 가지고 있어서 사는 데 큰 지장이 없는 귀족을 뜻한다. 왕이 자기 군대를 귀족 집에 재우고 나서 보상도 안 해 주는 데 화가 나서 반란을 일으킨 것이고, 앞으로는 그러지 않겠다고 다짐을 받는,

그런 성격의 문서였다.

그럼에도 대헌장이 오늘날 최초의 헌법으로 추앙받게 된 데는 역사의 우연이 많이 작용했다.

우선 교회가 큰 역할을 했다. 무슨 이유에선지 중세 영국 사람들은 대헌장을 교회에 붙여 두고 매주 암기하곤 했다. 그러면서 자신들도 모르게 그것이 엄청나게 중요한 문서라는 생각을 얼떨결에 하게 된 것이다.

그 다음으로 중요한 공헌을 한 사람은 에드워드 코크라는 영국의 유명한 법률가였다. 스튜어트 왕조 시절 하원의원으로 활약하기도 한 코크 경은 '권리청원'을 왕에게 상신한 인물로 유명하다. 그는 〈마그나 카르타〉를 예로부터 전해 오는 영국의 '구헌법'으로 추켜세우면서, 그 안에 적혀 있는 권리들을 국왕이 보장해야 한다고 '청원'했다. 물론 이 청원은 받아들여지지 않았고, 최종적으로 왕의 서명을 받기까지 다시 60년의 시간이 걸렸다. 하지만 코크 경의 이런 주장 덕에 〈마그나 카르타〉가 다시 한 번 언급되었다는 점이 중요하다. 알게 모르게 사람들의 인식 속에 〈마그나 카르타〉가 박히게 된 것이다.

그리고 엉뚱하게도, 〈마그나 카르타〉가 본격적으로 효력을 발휘한 것은 식민지 미국대륙에서였다. 영국에서 권리장전이라는 이름으로 기본권 보호 조항이 정식 채택되기도 전인 1687년 월리엄 펜이 대헌장을 미국에서 출간했고, 그 안에 모든 영국인의 권리가 적혀 있다고 주장하고 다녔다. 그리고 이를 받아 미국의 몇몇 주들이 '권리장전Bill of Rights'이라는 이름으로 이를 공식화했다. 그 가운데 버니지아 권리장전이 훗날 미국 헌법의 수정안에 추가되어 헌법의 일부가 된 것이다. 이처럼 〈마그나 카르타〉는 귀족과 왕 사이의 합의문이 아닌 국민의 기본권 보장을 선언하는 헌법으로 부활했다.

원래 법이란 통치의 수단이다. 법으로 국민들을 통치하는 것이지 왕도 지키라고 법을 만들지는 않는다. 바다 건너 프랑스를 봐도 이 점은 같다. 프랑스는 18세기 말 프랑스 혁명이 발발하기까지 왕도 법을 지켜야 한다는 생각을 하지 못했다. 그걸 600년이나 앞서 시도했다는 것만으로도 〈마그나 카르타〉의 의의는 이미 충분하다.

'이게 우리의 권리 목록입니다. 서명하십시오. 당신도 지금부터 이 문서에 적힌 우리의 권리를 인정해야 합니다. 당신의 의무를 이행해야 합니다. 이게 당신과 우리 사이의 법이고, 이게 우리가 추구하는 법이 지배하는 세상입니다'라는 말을 하고 있는 문서, 그게 〈마그나 카르타〉다. 당장에 그 이상이 실현되지는 않았지만, 그런 사건이 있었다는 것을 영국인들은 잊지 않고 있었다. 그래서 때가 될 때마다 〈마그나 카르타〉를 떠올리고 '새로 왕위에 오르는 군주에게 내밀기'를 반복한 끝에 권리로서 쟁취하게 되었다.

그중에서 코크 경은 조금 더 조심스러웠을 뿐이다. 권리장전이 라는 말 대신에 권리'청원'이라는 단어를 쓴 이유다. '이게 맞다' 라고 주장한 것이 아니라, '이게 맞지 않을까요?'라고 조심스럽 게 운을 떼고 있다. 그래서 코크 경 시대에는 그 문서를 '권리청 원'이라고 불렀다. 권리청원은 코크 경의 우려대로 받아들여지지 않았고, 왕들은 다시 폭군이 되었다. 그러다가 다시 한번 〈마그나 카르타〉를 제시할 일이 생겼다. 지상군을 이끌고 영국 땅으로 진 입하는 데 성공한 역사상 두 번째 인물, 오랑주 공 윌리엄 앞에서 였다. 그때는 국민들이 조금 더 과감해졌다. 권리청원이 아니라 권리장전이라고 이름을 바꿨다. 왕이 지켜 주었으면 하는 무엇이 아니라, 왕이 지켜야 할 무엇으로 격상시킨 것이다. 이를 오랑주 공 윌리엄이 최종적으로 받아들임으로써 〈마그나 카르타〉가 영 국의 헌법이 되었다. 1688년의 일이었다.

명예혁명과 권리장전

대헌장 이후에도 대헌장이 원하는 세상은 오지 않았다. 중세는 여전히 혼돈 속이었고, 전쟁 중이었다. 대헌장은 권력자들이 저지르는 거대한 불법과 부패의 바람을 막을 힘이 전혀 없었다. 창호지만도 못한 종이였을 뿐이다.

1688년 유럽은 프랑스 루이 14세의 독무대였다. 프랑스는 강과 산과 바다로 둘러싸인 일종의 철옹성이었고, 1648년 신교와 구교도 사이에 종교전쟁을 마치면서 도약을 위한 준비를 다 마친 상태였다. 주위의 어떤 나라도 프랑스와 대적할 수 없었다.

영국의 가장 큰 고민은 종교였다. 이미 헨리 8세 때 영국의 종교로 선언한 국교회Anglican가 있고, 종교개혁 이후 세를 불리고 있던 신교 집단Dissenter들이 있었음에도 불구하고, 정권 자체는 가톨릭을 믿는 스튜어트 왕조에게 있었다. 그리고 스튜어트 왕조는 국민들에게 인기가 없었다. 종교분쟁의 여파로 나라 전체가 몸살을 앓던 때라서 영국은 프랑스와 싸울 생각을 하지 못했다. 오히려 사사건건 루이 14세의 지원이 필요했다.

시선을 옮겨 합스부르크 제국을 보면 상황이 더 좋지 않았다. 북부 독일을 광범위하게 점령한 신교도들 때문에도 골치인데, 남쪽으로는 더 끔찍한 투르크 족이 몰려들고 있었다. 혈연관계로 단단하게 묶여 있는 합스부르크 제국의 스페인 지부도 상황이 안 좋기는 마찬가지였다. 지중해로부터 올라오는 이민족을 막아야 했고, 내륙에 산재해 있는 영토를 유지하기도 힘에 부쳤다.

이런 상황에서 유럽대륙뿐만 아니라 신대륙을 포함한 전 세계에 영향을 끼치는 중요한 사건이 발생하는데, 바로 루이 14세의 '잔불정리'였다. 프랑스는 일찍이 혹독한 종교전쟁을 치렀으며, 17세기 후반이 되자 신교와 구교 사이에 죽고 죽이는 혈전, 즉 큰불은 어느 정도 잡은 상태였고, 잔불만 남아 있었다. 전체적으로는 가톨릭이 대세였고, 신교는 남부지역의 몇몇 공국에만 남아 있었다. 그런데 그것마저도 루이 14세는 그냥 둘 생각이 없었다. 기독교 세계의 황제이면서 동시에 교황의 지위를 꿈꾸고 있던 루이 14세가 영토 내에 이단과 다름없는 신교 지역을 두고 있다는 것은 자존심이 상하는 일이었다. 그래서 구교 테러리스트들이 신교 지역으로 쳐들어가 불을 지르고 약탈하고 여인네를 겁탈하는 것을 묵인했다. 그리고 이번에는 그 대상이 프랑스 남부 론 강 유역에 있는 오랑주Orange라는 땅이었다.

오랑주 공 윌리엄은 엄밀히 말하면 독일계이면서, 신교도였고, 독일 내에 낫소라는 공국을 소유하고 있는 사람이었다. 당연히 프랑스 땅에 남아 있는 오랑주도 신교를 믿었는데, 루이 14세의 폭도들이 그곳을 쑥대밭으로 만들어 놓았다. 윌리엄은 사신을 보내 항의했지만, 루이 14세는 오히려 그 사신들을 감옥에 쳐 넣겠다고 위협했다. 그래도 계속 반발하자 마침 프랑스 땅에 들어온 네덜란드 배를 나포하고 말았다. 그런데 이게 뜻하지 않은 방향

프랑스 인권 선언문

법이란 통치의 수단이다. 법으로 국민들을 통치하는 것이지
왕이 지키라고 법을 만들지는 않는다. 프랑스는 18세기 말 프랑스 혁명이
발발하기까지 왕도 법을 지켜야 한다는 생각을 하지 못했다.

으로 역사를 뒤틀기 시작했다.

　원래 네덜란드는 각각의 공국을 소유하고 있는 7명의 공작이 집단지도체제를 이루고 있었다. 16세기에 스페인이 네덜란드를 침입해 왔을 때 이들 7명의 공작 가운데 한 명이 비상대권을 쥐고 스페인에게 성공적으로 대항한 적이 있었다. 그 이후에도 네덜란드는 강대국이 침입해 올 때마다 공작 한 명에게 전권을 주어 군사적으로 대항하게 했다. 십여 년 전인 1672년에는 원래부터 네덜란드와 사이가 좋지 않은 스튜어트 왕조의 찰스 2세가 루이 14세를 꼬드겨서 네덜란드로 쳐들어 왔고, 네덜란드는 7명의 공작 중 한 명인 낫소-오랑주 공국의 윌리엄에게 비상대권을 수여했다. 다행히 스튜어트와 프랑스 연합군과 네덜란드의 전쟁은 발발 직전에 타협으로 막을 내리고, 스튜어트는 그 기회에 네덜란드의 내정에 간섭하고자 동생 제임스 2세의 큰 딸, 즉 조카 메리와 오랑주 공 윌리엄을 혼인시켰다. 바로 그 오랑주 공 윌리엄의 프랑스 내 영토를 루이 14세가 능멸한 것이다.

　이번에는 윌리엄도 그냥 참고 넘어갈 수 없었다. 다행히 윌리엄에게는 우군들이 많았다. 윌리엄이나 네덜란드가 유럽에서 인기가 있어서가 아니라 프랑스와 루이 14세에 대한 반감이 컸기 때문이다. 같은 가톨릭 국가임에도 불구하고 합스부르크에 속한 비엔나와 스페인은 프랑스와 적대관계였다. 루이 14세가 공공연히 합스부르크 제국 전체를 넘보고 있었을 뿐만 아니라 기독교 세계의 공적이라고 할 수 있는 투르크 제국을 뒤에서 돕고 있었기 때문이다. 그 일로 1687년 로마 교황은 루이 14세를 파문까지 한 상태였다. 즉 합스부르크와 로마 교황 모두 루이 14세가 아닌 윌리엄 편이었다.

그 외 독일이나 덴마크 등 신교 지역은 당연히 같은 신교도인 윌리엄 편이었다. 지금으로 치면 네덜란드와 프랑스의 싸움에서 독일, 오스트리아, 스페인, 덴마크, 스칸디나비아, 로마교황청 등이 전부 네덜란드 편에 선 셈이다.

하지만 아무리 그렇다고 해도 네덜란드가 프랑스로 바로 쳐들어가기에는 위험부담이 너무 컸다. 무엇보다 스튜어트 왕조 치하의 천적 영국을 제압할 필요가 있었다. 영국과 프랑스가 연합해서 버티면 작은 네덜란드가 이길 가능성이 거의 없었다. 해군에 강점이 있는 영국의 배를 묶어두어야 했다. 영국을 먼저 친 다음 프랑스를 완전한 고립상태에 묶어 두고 결전을 치를 계획이었다.

많은 역사가들이 1688년을 특별한 해로 기억하는 이유가 있다. 전혀 생각지도 못한 일이 일어났기 때문이다. 윌리엄이 영국을 먼저 치려는 것을 루이 14세도 이미 알고 있었다. 스튜어트 왕조를 치면 전쟁이라고 경고까지 한 상태였다. 그런데도 윌리엄은 매복이 아닌 정공법으로 배를 몰고 템즈 강을 거슬러 올라갔다. 그런데 아무 저항이 없었다. 제대로 된 전투 한 번 안 해 보고 런던에 입성했다. 영국인들이 꽃과 사과를 던지고, 사과주를 뿌렸다는 얘기도 있다. 그야말로 환대 속에 영국을 점령했다. 600년 전 노르망디 공 윌리엄이 쳐들어갈 때와는 전혀 딴판이었다.

무엇보다 가장 큰 이유는 스튜어트 왕조에 대한 영국인들의 반감이 너무 컸기 때문이었다. 스튜어트는 가톨릭을 믿는, '루이 14세의 꼬붕'이었다. 대부분 국교회와 신교를 믿는 영국인들 입장에서는 스튜어트는 무너져야 할 정권이었다. 스스로 무너뜨리면 좋지만, 남이 무너뜨려 줘도 좋다고 생각했다. 게다가 오랑주 공 윌리엄은 완전한 남도 아니었다. 부인이 스튜어트 왕조의 마지막 왕인 제임스 2세의 딸이라면, 윌리엄 자신이 영국 왕이 되어도 문제가 없다고 생각했다. 제임스 2세를 내리고 사위를 왕으로 추대하는 것이기 때문이다. 결국 제임스 2세와 그 아들은 프랑스로 도망가고 말았다.

그런 다음 의회가 소집되었다. 의회는 윌리엄을 영국 왕으로 추대할지 여부를 결정해야 했다. 의회는 조건을 하나 걸었다. 대헌장과 권리청원의 정신을 이어받은 권리장전을 왕에게 내민 것이다. 그걸 인정해야 그를 왕으로 추대할 수 있다고 했다. 윌리엄 입장에서는 그 정도의 딜은 문제가 아니었다. 죽을 각오를 하고 군대를 일으켜서 영국 왕으로 추대되는 마당에 종교의 자유, 배심재판을 받을 권리, 소급입법의 금지, 적법절차의 준수 등 합리적인 제도 도입에 동의하지 않을 이유가 없었다.

하지만 실속을 챙기는 것도 잊지 않았다. 어쨌든 군대를 끌고 왔기 때문에 전쟁비용을 내라고 했다. 의회는 거액의 배상금을 내기로 하고, 대신 두 가지 조건을 다시 걸었다. '왕은 군림할 뿐 통치하지 않는다는 것'과 '매년 예산에 대해 의회의 동의를 받으라는 것'이었다. 윌리엄은 이것에도 합의했다. 국가 운영에 의회의 동의를 받는 제도에 양측이 전적으로 합의한 것이다.

이것을 피 흘리지 않고 완성한 혁명이라는 의미에서 '명예혁명'이라고 한다. 명예혁명의 결과로 지나간 역사이며 종잇조각에 지나지 않았던 대헌장이 권리장전이라는 이름으로 영국 헌법의 일부로 부활하게 되었다. 영국에도 기본권 조항이 생긴 것이다.

헌법의 테두리와 헌법재판소

헌법이 모든 것을 해 줄 수는 없다. 중요한 것은 헌법이 울타리 역할을 잘 해야 한다는 것이다. 우리가 사는 세상은 한편으로는 안전한 곳이어야 하고, 다른 한편으로는 무한한 가능성이 열려 있는 곳이어야 한다. 안전하다는 것은 헌법이라는 테두리 안에 있으면 국민의 생명과 자유, 재산을 보호할 수 있어야 한다는 뜻이다. 헌법이 해 줄 일은 여기까지다. 국민의 생명을 함부로 해치지 못하게 하는 것, 국민들의 자유가 최대한 보장되도록 하는 것, 국민들의 재산이 안전하게 지켜지도록 하는 것, 그게 헌법이 할 일이다.

헌법은 인류의 오랜 투쟁의 덕이다. 그것이 없었다면 인류는 아직도 산적과 해적, 깡패들의 위협 속에서 살았을 것이다. 아니면 폭군과 파쇼, 군부독재의 서슬 아래서 살아야 했을 것이다. 우리가 만들고 지켜 온 헌법이 그런 대내외의 위협으로부터 우리의 자유를 보장해 주었다는 점을 잊어서는 안 된다. 헌법 공부가 중요한 이유 가운데 하나가 이것이다.

헌법이 울타리를 쳐 주는 나라 안에서 국민들은 각자 무한한 가능성을 꿈꾸며 살아갈 수 있다. 자신의 능력을 십분 발휘해서 경제활동을 하고, 창작활동을 하고, 원하는 삶을 꾸려갈 수 있다. 법의 지배가 확립되고 헌법적 질서가 보장되지 않았으면 불가능했을 일이다.

다행히 현재 우리가 쓰고 있는 1987년 헌법은 영국 역사에서 나온 법의 지배의 정신과 기본권 보장의 정신을 충분히 구현하고 있다. 대한민국 건국 이후 40년간 군부독재를 경험하면서 헌법이 사실상 힘을 발휘하지 못하고, 국민의 기본권 보장이 이루어지지 않던 때도 있었다. 하지만 민주화 운동의 결과 만들어진 새 헌법은 국민을 위한 헌법으로 규범력을 발휘하고 있다.

특히 높은 점수를 줄 것은 헌법재판제도를 가지고 있다는 점이다. 미국 헌법과 프랑스 인권선언으로 '기본권이 보장되고 권력이 분립된' 나라의 헌법이 지구상에 출현했다. 제1차 세계대전에 패배한 독일에서 혁명이 일어나고 바이마르 의회가 공화국을 선포하면서 〈바이마르 헌법〉이라는 현대적 헌법이 제정되었다. 우리 헌법은 그것도 받아들였다. 미국이나 프랑스 헌법과 달리 현대적인 기본권이라고 할 수 있는 사회적 기본권을 포함시킨 진일보한 헌법이다.

다만 문제는 규범력이다. 내용이 완벽해도 실천이 없으면 헌법은 종잇조각에 지나지 않는다. 20세기 신생국가의 헌법을 '장식적' 헌법이라고 많은 서구 학자들이 비아냥거린 이유가 그 때문이다. 외국의 헌법을 베껴오기만 했을 뿐 그대로 구현하고자 하는 정치인들의 의지가 전혀 없었기 때문이다.

이런 상황에서 헌법재판제도는 아주 중요한 의미가 있다. 헌법에 적힌 대로 하지 않을 경우에는 헌법재판소가 개입하는 장치이기 때문이다. 국민의 기본권을 침해하는 행위에 대해서는 헌법소원제도로, 법률이 헌법의 취지를 거스르는 경우에는 위헌법률심판제도로, 국가기관이 국민의 기본권을 침해하는 경우에는 탄

핵제도로, 국민의 기본권 보호와 관련해서 국가기관간에 분쟁이 생기면 권한쟁의심판 제도로, 정당이 민주적으로 운영되지 않는 경우에는 정당해산심판 제도로 이를 저지하고, 궁극적으로 국민의 자유와 행복을 보장하는 헌법이 되도록 한 것이 바로 헌법재판제도이다.

지난 30여 년간 우리의 헌법재판소는 눈부신 활약을 해왔고, 우리 헌법이 살아 있는 헌법이 되게 하는 데 큰 공을 세웠다. 아직 완전히 만족스럽지는 않지만 우리가 법치주의 국가에서 기본권 보장을 받으면서 살고 있는 것은 헌법학과 헌법재판소의 덕이라고 봐야 한다.

'헌법이란 법이면서 동시에 현실이다'라는 말을 잘 새길 필요가 있다. 헌법을 정확하게 이해하고 헌법에 적힌 대로 실현하고자 하는 노력이 중요하다. 우리 선조들이 어렵게 만들고 지켜온 헌법이 국민의 기본권을 보장하는 데 부족함이 없도록 우리가 충실한 파수꾼이 되어야 한다.

1987년 헌법 개정은 필요할까?

헌법에는 저작권이 없다. 즉 다른 나라 헌법을 그대로 베껴도 저작권법 위반으로 처벌되지 않는다. 그래서 20세기 신생독립국들, 그 중에서도 아시아나 아프리카에 있는 많은 나라들이 선진국의 유명한 헌법 내용을 그대로 베껴오고는 했다. 미국 헌법과 프랑스 헌법이 많은 나라에 비슷한 내용으로 적혀 있는 것을 보면 알 수 있다. 하지만 그런 나라들이 미국이나 프랑스처럼 권력분립을 제대로 지키고 국민의 기본권을 최대한 보장하느냐 하면, 그건 또 아니다. 실제로는 군부 출신 등 권력자 마음대로 하면서 헌법에만 국민의 기본권을 최대한 보장하는 척한다. 이런 헌법을 장식적 헌법이라고 부른다는 것은 앞에서 본 바와 같다.

1987년 이전에는 우리나라 헌법도 장식적 헌법이라는 비난에서 완전히 자유로울 수 없었다. 특히 1970년대 군사정권 시절에는 긴급조치라는 이름으로 국민을 가두는 일도 서슴지 않아서 헌법과 법의 지배의 정신이 제대로 구현된 나라라고 볼 수 없었다. 그러다가 1980년대 중반 민주화운동이 시작되었고, 그 결실로 민주화를 이룬 다음, 여야 대표 8인의 합의하에 1987년 헌법이 제정되었다. 내용은 그 전 헌법과 크게 다를 바 없을지 몰라도, 실질적인 의미는 전혀 다르다. 우리나라가 실제로 지키는 헌법이라는 점에서 그렇다.

이제 1987년 헌법이 제정된 지도 36년이 흘렀다. 이 정도 시간이면 사회가 많이 바뀌어서 새로운 헌법이 나와도 될 시점이다. 가령, 기본권 중에서도 신경

권neuro-right과 같은 새로운 기본권을 넣거나, 선거제도를 바꿔 소수정당이 국회로 더 많이 진출할 길을 열 때도 되었다. 하지만 아직까지 헌법개정, 즉 개헌에 관한 국민적 요구가 크지 않다. 1987년 헌법에 대한 전체적인 만족도가 높기도 하고, 헌법을 고치는 것이 보통 어려운 일이 아니라는 점을 잘 알기 때문이기도 하다.

헌법은 이처럼 역사의 기록이면서, 동시에 우리의 현실이다. 고작 10여 페이지에 지나지 않는 문서지만, 우리 모두가 내용을 잘 알고 있어야 하는 이유다. 헌법은 우리사회가 어떤 모습을 띠고 있으며, 여기서 뭘 더 새롭게 해야 할지를 보여 주는 우리 사회의 청사진이다.

그런 의미에서 헌법 전문은 누구나 꼭 한 번은 읽어볼 필요가 있다.

형법과 공정한 재판의 꿈

범죄와 형벌

　헌법의 목적이 법의 지배를 통한 국민의 인권보호에 있다면,
형사법의 목적은 범죄의 처벌과 공정한 재판에 있다. 즉 범죄를
처벌하되 공정한 절차를 거쳐 처벌하는 것이 형사법이 추구하는
바라고 할 수 있다.

　과거에는 살인과 강도, 간통과 같은 몇 가지 범죄만 없애면 된
다고 생각하기도 했다. 하지만 고대와 중세를 거쳐 사람이 많아
지고 복잡한 사회가 되면서 범죄도 다양해졌다. 특히 교회의 권
위가 힘을 잃고 도시가 발달하는 중세 후기가 되면서 범죄피해
를 호소하는 국민들의 목소리가 더욱 커졌다. 그래서 게르만족에

속한 나라들은 범죄해결을 위해 '사법결투'judicial duel라는 제도를 도입했다. 즉 피해를 입었다고 주장하는 자가 가해자를 법정으로 불러 당사자끼리 결투를 통해 원한을 해결하는 방법이다. 이때 나이가 들거나 병으로 힘이 없으면 대신 싸워 줄 사람champion을 사서 데려오기도 했다.

그런데 사법결투로 범죄를 해결하는 사회에서는 피의 복수가 계속될 수밖에 없다는 게 문제였다. 피해를 입은 사람이 가해자를 법정에 기소해서 결투에 승리하면, 다시 진 쪽에서 이긴 상대방을 이런저런 혐의로 법정에 불러 싸움이 계속될 수밖에 없었던 것이다. 심지어 가문 전체가 다른 가문과 평생 원수가 되어 피비린내 나는 싸움을 자자손손 계속하는 경우도 있었다.

중세가 거의 끝나갈 무렵 독일에서는 피의 복수를 그만 두기 위한 여러 가지 방안을 고민하기 시작했다. 1년 중 부활절과 같은 중요한 기념일만이라도 사법결투를 금지하거나, 일정한 지역 안에서는 사법결투를 못하게 했다. 그 결과 며칠 동안만이라도, 또 일부 지역에서만이라도, 평화를 유지할 수 있었다. 그런데 문제는 사법결투를 못하게 함으로써 피해자들의 호소를 무마할 수는 있지만, 범죄 자체가 없어지지는 않았다는 점이다. 물건을 훔치는 사람들은 계속 물건을 훔쳤고, 남을 때리는 사람은 계속 남을 때렸기 때문이다. 그래서 독일 사람들은 사법결투를 대신할 새로운 방법을 마련하는데, 그것이 바로 '형법'이라는 국가 전체에 적용되는 법률을 만드는 것이었다.

가령, 사법결투가 금지된 곳에서 다음과 같은 법률이 만들어지기도 했다.

"이 지역에서 남의 집이나 건물에 불을 지르고, 불쏘시개로 사용된 물건을 소지한 채 잡힌 사람은, 불을 지른 데 대한 정당한 이유가 없다고 인정되는 경우에는 사지를 바퀴에 묶은 채로 돌려 죽인다."

이것이 바로, 16세기 독일의 〈캐롤리나 형법전〉에 실려 있는 '방화죄' 조항이다. 예전 같으면 남의 집에 불을 지르면 가해자와 피해자가 결투를 벌여 그 책임을 물었는데, 이제부터는 국가가 가해자만 불러 실제 방화를 저질렀는지 여부를 확인하고, 그게 확인이 되면 위 조문에 적힌 바와 같이 바퀴에 돌려 죽이는 형벌에 처하면 된다.

이런 방법으로 범죄문제를 해결한 덕에 사람들간의 복수가 없어지고, 평화가 정착됐다. 그래서 형법을 적용하는 지역을 늘리고, 기념일뿐만 아니라 1년 내내 형법을 적용하는 방향으로 개혁이 이루어졌다. 또 처벌하는 범죄의 수도 수십 개 또는 수백 개

넘게 마련했다. 독일의 합스부르크 제국의 형법인 〈캐롤리나 형법전〉에 등재된 범죄의 수가 수백 개로 늘어나게 된 이유가 그것이다.

이렇게 만들어진 형법의 구조는 어디나 비슷했다. 즉 먼저 어떤 행위를 처벌할지를 정하고, 뒤이어 그 행위에 대해 어떤 형벌을 부과할지를 정하는 식이다. 국가가 처벌하고자 하는 행위 유형과 처벌할 형벌을 정한 '형법'이 만들어진 것이다.

유럽의 법은 주로 로마법에서 가져왔지만 형법만큼은 그렇지 않다. 로마 형법은 〈캐롤리나 형법전〉처럼 성문화된 형법이 아니어서 유럽 사람들이 받아들이기에 적당하지 않았다. 그 대신 각 나라마다 실정에 맞는 형법을 개발했고, 이웃나라의 형법을 참고하면서 중세 유럽의 형법이 하나하나 만들어졌다. 그 가운데 일본은 독일 형법을 가장 많이 받아들였고, 일본의 예를 따라 우리도 독일 형법과 비슷한 법률을 받아들여 현재까지 사용하고 있다. 따라서 우리 형법을 이해하기 위해서는 먼저 독일 형법을 이해해야 한다.

죄형전단주의와 죄형법정주의

〈캐롤리나 형법전〉 시절 독일 법정에는 또 하나의 고민이 있었다. 바로 형법에 적혀 있지 않은 범죄에 관한 문제였다. 무슨 피해든 피해를 입은 사람은 법정에 와서 호소하기 마련이다. 그런데 가해자를 처벌하려고 보니까 피해자가 주장하는 내용이 형법에 빠져 있을 수 있다. 살인죄와 상해죄, 폭행죄, 방화죄처럼 상식적으로 잘 아는 범죄는 적혀 있지만 사기죄와 배임죄, 횡령죄, 점유이탈물횡령죄 등은 사회질서 유지에 핵심적인 것은 아니기에 미처 적지 못했을 수 있다. 또 당시에는 형벌이 사형과 신체형밖에 없기 때문에 심각한 행위가 아니면 범죄목록에서 빠지는 경우가 많았다. 그런데 정작 피해자는 가해자를 형벌로 처벌해 달라고 주장하는 것이다.

이럴 때는 판사가 재량권을 행사할 수밖에 없다. 형법에는 적혀 있지 않아도 판사의 판단으로 죄가 있는지 없는지 결정할 수밖에 없었다. 또 형벌도 판사가 선택할 수 있도록 했다. 같은 방화죄라도 죄질이 나쁜 경우는 더 큰 형벌을 부과하고, 죄질이 덜하면 적은 형벌을 부과하는 식이다. 이처럼 법률에 정확하게 적혀 있지 않은 경우에 판사가 판단할 수 있도록 하는 제도를 '죄형전단주의'라고 부른다. 범죄 유무와 형벌에 대한 판단을 전적으로 판사에게 맡긴다는 뜻이다.

죄형전단주의의 가장 큰 단점은 판사의 자의에 좌우된다는 것이다. 판사가 국가나 귀족 편을 들면 힘없는 국민들은 국가나 귀족에게 잘못 보였다는 이유로 형법에 적혀 있지도 않은 죄로 처벌될 수 있다. 심지어 형벌마저 명확하게 정해져 있지 않을 때는, 별것 아닌 범죄를 저지르고도 사형을 당하는, 그야말로 억울한 사례도 생길 수 있는 것이다.

그래서 중세 말의 학자들은 형법이라는 법률에 적혀 있지 않다면 범죄로 해서도 안 되고, 형벌을 부과해서도 안 된다고 주장했다. 소위 '법률 없으면 범죄 없고, 범죄 없으면 형벌 없다'는 '죄형법정주의'다. 이게 정립이 되어야, 국민들은 안심하고 생활할 수 있다. 형법에 아무 말이 없다면 그 행위로 처벌 받을 위험이 없다고 믿고 안심해도 되는 것이다. 죄형법정주의를 범죄인을 위한 〈마그나 카르타〉라고 부르는 이유다.

우리 형법의 제일 첫머리인 제1조 제1항에도, '범죄의 성립과 처벌은 행위 시의 법률에 의한다'라고 죄형법정주의를 선언하고 있다.

형법학

죄형법정주의는 범죄와 그에 대한 형벌을 법률에 적어 놓으라는 명령으로 끝나는 게 아니다. 국회가 제정한 법률에 적혀 있다고 해서 범죄를 처벌하는 데 아무 문제가 없어지는 건 아니다. 범죄를 처벌하기 위해서는 그 행위가 범죄에 해당한다는 점과 그 범죄에 적합한 형벌이 부과된다는 점을 증명해야 한다. 무엇을 범죄로 하고, 그 범죄에 대해 어느 정도의 형벌을 부과하는 것이 가장 적절한지 연구하는 학문이 바로 '형법학'이다.

형법학에서는 먼저 무엇이 처벌해야 할 범죄인지 연구한다.

세상을 살다 보면 많은 사람들이 나쁜 짓을 한다. 하지만 그 나쁜 짓이 모두 범죄가 되는 것은 아니다. 나쁜 짓 가운데 국가가 형벌로 제재를 해야 할 만큼 나쁜 짓만 범죄가 된다. 그래서 범죄를 정의할 때부터 형법학의 도움이 필요하다. 무엇을 범죄로 할지 알기 위해서는 그 행위의 특성뿐만 아니라 행위의 결과, 행위로 인해 파생될 효과 등을 연구해야 한다.

우리 형법은 범죄를 다시 세 가지로 나눈다. 그 기준은 범죄가 무엇에 피해를 주었는가 하는 점이다. 국가에 피해를 주었으면 '국가적 법익에 대한 범죄'라고 한다. 반란을 일으키는 내란죄와 적국에 가담해서 우리나라에 피해를 주는 외환죄, 공무원에 대한

뇌물죄, 허위 증언을 하는 위증죄 등이 전부 국가적 법익에 대한 범죄다. 국가 경영에 피해를 주는 범죄라는 뜻이다.

반면 국가에 직접 피해를 주는 것은 아니고 전체 사회에 피해를 주는 범죄가 있다. 문서나 화폐를 위조함으로써 경제생활에 피해를 주는 위조죄, 불을 질러 사회질서를 어지럽히는 방화죄 등이 전부 '사회적 법익에 대한 범죄'가 된다.

그리고 마지막으로, '개인적 법익에 대한 범죄'가 있다. 살인과 상해, 주거침입, 절도, 강도 등 우리가 익히 아는 범죄의 대부분은 개인적 법익에 대한 범죄에 속한다. 개인의 생명과 자유, 명예, 재산 등을 침해하는 죄라는 뜻이다.

1953년 제정된 우리 형법은 이렇게 세 가지 범죄에 대해서 총 372조로 된 형법에 수백 개의 범죄를 적어 놓고 있다. 그리고 70년 세월이 흘렀다. 그사이에 있던 범죄가 없어지기도 하고, 없던 범죄가 새로 생기기도 했다. 컴퓨터 관련 범죄 대부분이 그렇다. 사회가 변하면 범죄의 내용도 형벌도 변하기 마련이다. 그때마다 기존에 있던 조문에 추가할 수도 있다. 가령, 제250조 뒤에 제250-2조, 제250-3조 등으로 목록을 늘리는 것이다. 이렇게 하면 좋은 점은 모든 범죄를 형법 안에 다 넣을 수 있다는 것이고, 나쁜 점은 형법의 목차가 복잡해진다는 것이다. 또 한두 가지 범죄를 추가하는 것이면 모르지만 수십 개, 수백 개의 범죄를 추가하기에는 적합하지 않다.

그래서 우리나라는 형법 외에 또 다른 법률을 만들었다. 폭행죄, 협박죄 등 일부 범죄를 더 세게 처벌하는 법률을 따로 만드는 것이다. 바로 '폭력행위 등 처벌에 관한 법률'이다. '특정경제범죄가중처벌법', '조세범처벌법' 등 이런 법률의 예는 수백 개가 넘는다. 형법을 보충하는 이런 법률을 '특별형법'이라고 한다.

그리고 다른 법률에 형사처벌 규정 하나만 더 집어넣을 수도 있다. 환경법에 환경 관련 범죄 처벌 규정을 집어넣는 것과 같다. 이처럼 우리나라 법률 가운데는 형법 말고도 범죄와 형벌에 관한 조항이 하나 이상 들어가 있는 법률이 600개가 넘는다. 즉 600개가 넘는 특별형법이 있다.

2021년 한 해 동안 우리나라에서 112로 걸려온 범죄신고 전화는 총 2,000만 통이 넘는다. 그 가운데 경찰이 정식으로 입건해서 수사를 시작한 범죄가 약 400만 건 정도 되고, 그중에서 약 180만 건이 처벌 필요가 있어서 검찰로 송치되었다. 80만 건은 형법 위반 범죄이고, 나머지 100만 건은 특별형법 위반 범죄이다. 형법 범죄로 가장 수가 많은 것은 사기죄, 절도죄, 폭행죄였고, 특별형법범죄로 가장 수가 많은 것은 업무상과실치상죄(교통사고로 사람에게 상처를 입힌 경우), 도로교통법 위반(음주운전 등), 근로기준법 위반 등이었다.

이 가운데 23만 명 정도가 기소되어 벌금형을 받은 사람이 약 6만 명이었고, 무기징역을 받은 사람이 11명, 징역형을 받은 사람이 6만 명, 징역형의 집행유예를 받은 사람이 8만 명이었으며, 7천 명은 무죄판결을 받았다.

증거 관련 법칙

형법은 제대로 되어 있지만 재판절차가 공정하지 못하면 그것 역시 죄형법정주의에 반한다. 법만 그럴 듯하게 만들어 놓고 정작 재판에서는 무조건 피고인의 죄를 인정하는 것이어서는 제대로 된 형사사법제도라고 할 수 없다.

형법을 새로 만들었다고 하지만 16세기 독일 형사법정의 모습은 그 전과 크게 달라진 게 없었다. 여전히 범죄로 피해를 입은 사람이 법정에 와서 범인을 처벌해 줄 것을 요구했고, 판사는 지목된 자를 불러 과연 피해자가 주장한 대로 '피해자의 집에 불을 질렀는지'를 확인했다. 만약 그게 사실이면 형법에 적힌 대로 피해자에게 형벌을 선고하고, 형벌을 집행하게 되는 것이다.

그런데 문제는 범인이 범죄를 저질렀는지를 어떻게 확인하느냐는 것이었다. 오늘날처럼 길거리에 CCTV가 달려 있는 것도 아니고, 과학수사를 통해 지문이나 족적, 혈흔 등을 분석할 수도 없었다. 따라서 다음과 같은 증거 관련 법칙을 만들어서 시행했다.

먼저, 가해자가 자백을 하면 유죄라고 봤다. 기독교의 전통을 이어 받아 본인 스스로 인정한 죄에 대해서는 다른 증거 없이 유죄를 선고했다. 이처럼 다른 증거 없이 자백만으로 유죄가 된다고 해서, 자백과 같은 증거를 '완전증거'full proof라고 불렀다.

자백 말고 또 다른 완전증거로는 '증언'testimony이 있다. 가해자가 피해자의 집에 불을 지르는 것을 목격한 사람의 증언이 있으면 그것도 완전증거로 했다. 다만 자백과 다른 점은, 자백은 그것 하나로 완전증거가 되는데 반해 증언은 두 개가 있어야 했다. 결국 증언 하나는 완전증거가 아니라 '반증거'half proof로서의 효과가 있었다. 이처럼 증언 두 개가 있어야 유죄가 된다는 '두 증인의 법칙'two witnesses rule은 성경에서 유래하는 것으로 앞에서 본 〈캐롤리나 형법전〉에 적혀 있다.

그렇다면 완전증거인 자백이나 반증거인 증언이 없고, 의심스러운 정황만 있을 때는 어떻게 할 것인가? 가령, 가해자가 불을 지르는 것을 목격한 사람은 없고, 가해자가 입었던 옷에서 화재의 흔적이 발견되거나 기름 냄새가 나는 경우 등이다. 가해자가 불을 저질렀다는 사실을 추측케 하는 이런 증거는 '혐의증거'라고 불렀다. 혐의를 입증하는 데 최소한 도움이 될 법한 증거라는 뜻이다. 당시 법에 의하면 이런 혐의증거에 대해서는 완전증거의 4분의 1의 가치를 부여했다. 혐의증거가 둘이면 반증거로 증인 한 명의 증언과 같은 비중을 두도록 한 것이다.

여기서 특이한 것은 '고문'torture이다. 피해자가 방화죄로 가해자를 고소한 상황에서 완전증거는 없고 반증거만 있는 경우, 다시 말해서, 증인이 한 명 있거나 정황증거가 둘 있는 경우에는 고문을 할 수 있었다. 가해자의 몸을 불에 달군 인두 등으로 지질 수 있는 것이다. 이것 역시 〈캐롤리나 형법전〉에 규정되어 있었는데, 그렇다고 해서 우리가 영화에서 보는 것처럼 가해자가 피투성이가 될 정도로 잔인한 폭력을 가하는 것은 아니었다. 여기서 말하는 고문은 '사법고문'으로 판사 앞에서 가해자에게 고통을 가한 뒤에 48시간 동안 생각할 시간을 주고 다시 불러서 죄를 지었는지 묻는 '수사방법'이었다. 그리고 가해자가 심사숙고한 결과 자신의 죄를 자백을 하면 유죄 선고를 하고, 고문에도 불구하고 자백하지 않으면 무죄를 선고해서 자유의 몸이 되도록 했다.

이처럼 중세 독일의 형법에서는 증거의 종류가 정해져 있고, 증거의 가치도 법으로 정해놓고 있었다. 이것을 '증거법정주의'라고 한다. 증거의 가치가 법에 정해져 있다는 뜻이다.

증거법정주의

완전증거, 반증거, 고문 등 증거법정주의에서 말하는 것이 지금 우리 입장에서는 황당해 보일 수 있다. 하지만 당시 사람들에게는 자연스러운 것이었다. 원래 기독교 전통에서 보면 사람의 죄를 판단하는 재판은 사람이 할 수 있는 일이 아니다. 솔로몬의 정성에 감복해 하나님이 솔로몬에게 재판할 수 있는 권한을 주었지만, 성경을 보면 '재판은 본질적으로, 사람이 할 수 있는 일이 아니'라고 선언하고 있다. 솔로몬에게만 특별히 예외적으로, 그 권한을 주었다는 뜻이다.

서양 중세에서 재판은 신의 일이었다. 그래서 1215년까지 유럽의 형사재판에서 판사는 전부 성직자였다. 신의 사제만이 사람의 유무죄를 판단할 수 있다고 봤다. 그런데 이와 같은 성직자재판 결과에 만족하지 않는 사람들은 성직자만 욕하는 게 아니라 신 자체를 욕하곤 했다. 무고한 사람을 유죄라고 하면 그 원한이 전부 교회와 하나님을 향하는 것이다. 그래서 1215년 라테란 종교회의에서 교황은 유럽 전역에서 성직자 재판, 즉 '신판'ordeal을 금지했다. 그 결과 기독교를 믿는 모든 나라는 성직자가 아닌 일반시민이나 판사가 재판을 해야 하는 상황에 내몰렸다.

그런데 여기 두 가지 문제가 있었다. 첫 번째는 판사 일을 하게 된 사람들 스스로 재판하기를 거부했다. 당시 신앙에 따르면 재판을 한 사람은 재판받은 사람과 함께 나중에 연옥에 가서 책임을 묻게 되어 있다. 판단이 잘못되었으면 책임을 저야 했으므로 재판에 연루되기를 꺼렸다.

두 번째는 재판을 받는 사람조차 사람의 재판 결과를 받아들이지 않았다. 성직자 재판은 신의 목소리니까 마음에 들지 않아도 별 수 없이 따랐지만, 사람이 하는 재판은 그 결과를 쉽게 받아들이지 못했다. 그러니 사람인 판사가 하는 재판에서는 A라는 증거가 있으면 B라는 형벌을 선고한다고 원칙을 정해 놓을 수밖에 없었다.

증거법정주의는 이런 배경에서 탄생한 제도였다. 자백이나 증인 둘이라는 룰을 세워 놓는다. 그리고 자백이나 증인 둘이 있으면 바로 유죄를 선고한다. 그렇게 하면 사람이 하는 재판이라도 재판받는 사람들이 결과를 받아들였다. 게다가 교회재판도 똑같이 했다. 거기서도 자백이 있거나, 증인 둘이 있으면 유죄라고 한 것이다. 국민들을 설득시키기에 가장 좋은 제도가 증거법정주의였다.

요컨대 형법이라는 법률을 만든 것도, 증거법정주의라는 특이한 증거법을 만든 것도 중세의 사람들 입장에서는 나름대로 가장 합리적인 해결책이었다.

그런데 '고문'이 문제였다. 고문을 계속하는 것은 점점 의식이 깨어가는 사람들 입장에서 볼 때 옳은 일 같아 보이지 않았다. 그렇다고 혐의만 있는 피고인을 풀어 줄 수도 없는 노릇이었다. 이와 같은 진퇴양난의 처지를 구한 것이 바로 징역형이었다.

징역형의 시작

형벌 가운데 가장 많은 것은 단연코 벌금형이다. 1년에 수십만 명의 피고인들이 재판에서 벌금형을 선고받고 벌금을 납부한다. 하지만 보통 사람들은 형벌이라고 하면 대부분 징역형을 떠올린다. 사실 징역형은 우리 법은 물론이고 유럽법에서도 역사가 그리 오래 되지 않았다.

오늘날 죄인 한 명을 교도소에 수용하는 데 국가는 1년에 수천만 원의 비용을 써야 한다. 잘 공간을 마련해 주어야 하고, 생필품을 나눠 줘야 하며, 세 끼 밥도 제공해야 하기 때문이다. 피고인에게 징역형을 선고하고 1년에 수만 명씩 감옥에 보내는 것은 아무 나라나 할 수 있는 일이 아니다.

중세유럽에도 당연히 징역형이 없었다. 당시는 하루 종일 열심히 일만 하는 농부도 하루 세 끼를 다 챙겨먹을 수 없었다. 딱딱

한 빵 하나와 물 한 모금이 최선의 식사였다. 그런 상황에서 절도범을 교도소에 수용해 밥을 먹일 수는 없었다. 그래서 형벌은 전부 사형 아니면 신체형이었다. 죽이거나 때리거나, 사지 중 하나를 자르는 것, 그게 중세의 형벌이었다.

그러던 중에 새로운 징역형이 생겼다. 산업이 발전하면서 사람들의 노동력의 가치가 높아졌으므로 한 사람을 잡아다가 노동을 시키면 자기 밥벌이를 하고도 얼마 정도가 남는 세상이 됐다. 17세기 말의 일이다.

예를 들어 죄인을 죽이거나 때리지 않고 가둬서 노 젓는 배에 태우면 그 값으로 하루 밥값이 됐다. 지중해 연안에서 징역형이 생긴 이유다. 북부 유럽에서는 벽돌공장에서 벽돌을 찍게 했다. 밤에는 허름한 건물에서 재우고 아침이 되면 전부 공장으로 보냈다.

징역형이 생기고 나니까 혐의가 하나 혹은 둘인 사람을 고문할 필요도 없어졌다. 고문하는 대신 혐의만 가지고도, '징역 1년' 또는 '징역 2년' 이렇게 형벌을 선고할 수 있었던 것이다. 판사가 죄책감을 느낄 이유도 전혀 없었다. 죽이는 게 아니기 때문이다. 또 반대로, 자백이 있다고 해서 반드시 사형을 선고하거나 증인 둘이 있다고 해서 반드시 사형이나 신체형을 선고하지 않아도 됐다. 판사가 봐서 죄질이 세면 사형, 그 다음이면 신체형, 그

다음이면 징역형, 이렇게 차례로 선고하면 되는 거였다. 즉 예전처럼 완전증거, 반증거, 차등을 둘 일도 없어졌다. 자백이든 증인이든, 혐의든, 증거가 있으면 판사가 그 증거의 증명력을 자유롭게 판단하고 결과에 따라 다른 형벌을 부과하면 되는 것이다. 증거법정주의 대신 '자유심증주의'가 등장했다.

자유심증주의 시대가 되면서 명실상부한 사람의 재판이 시작되었다. 판사가 신법에 정한 증거법칙에 구애받지 않고 증거에 대해 자유롭게 판단하면 되었다. 재판을 잘못했다고 해서 연옥에 가서 피고인과 같이 하나님의 재판을 받는다는 믿음도 이미 희미해진 뒤였다. 판사가 형사재판을 주도하는 시대가 된 것이다.

다만 한 가지, 피고인 보호를 위해 판사에게 새로운 가이드라인이 생겼다. 즉 합리적 의심 없는 정도로 증명된 경우에만 유죄를 선고하도록 한 것이다. 신이 아니라 인간의 재판이기 때문에 실수가 있을 수 있으므로 무고한 사람에게 형벌을 선고해서는 당연히 안 되기 때문이다. 따라서 판단을 하되, 그 기준을 한껏 높였다. 50%의 가능성이 있다고 유죄 선고를 해서도 안 되고, 70~80%의 가능성이 있다고 해서 유죄 선고를 해서도 안 된다. 유죄를 선고하기 위해서는 '모든 합리적인 의심이 다 해소된 상태'에 이르러야 한다. 물론 비합리적인 의심까지 다 해소해야 한다고 요구하지는 않는다. 하지만 합리적인 시각에서 볼 때 유죄

징역형

죄인 한 명을 교도소에 수용하는 데 국가는 1년에 수천 만 원의 비용을 써야 한다.
잘 공간과 생필품, 세 끼 밥도 제공해야 한다. 피고인에게 징역형을 선고하고
1년에 수만 명씩 감옥에 보내는 것은 아무 나라나 할 수 있는 일이 아니다.

의 의심이 들게 하는 사실은 다 증명이 되어야 한다. 즉 유죄 확률이 아주 높은 상태에 이르러야만 유죄를 선고할 수 있다. 굳이 숫자로 표현하자면, 유죄 확률이 95%에 이르러야 한다. 이를 합리적 의심 없는 정도의 증명이라고 한다.

우리 법은 다음과 같이 자유심증주의와 합리적 의심 없는 증명의 원칙을 규정해 두고 있다.

제308조
증거의 증명력은 법관의 자유판단에 의한다.

제307조 제2항
범죄사실의 인정은 합리적인 의심이 없는 정도의 증명에 이르러야 한다.

이 두 조문이 피고인을 위한 바이블로서 형사재판의 중요한 원칙을 선언하고 있다.

형사법학의 고민

죄형법정주의와 자유심증주의, 합리적'의심 없는 증명의 원칙에 따르면, 범죄를 저지르고도 국가의 형벌을 피하는 사람들이 많이 생길 수 있다. 법률에 정해 놓지 않아서 처벌을 면할 수도 있고, 법률에 적혀 있지만 증명의 정도가 부족해서 처벌을 면할 수도 있다. 어떤 경우나 국가의 입장에서 보면 바람직한 일은 아니다.

하지만 그렇다고 해도, 막강한 권력을 가지고 있는 국가가 더 큰 부담을 갖는 것이 맞다. 형사사법의 구도 자체를 국가에 불리하게 두어, 범죄자의 인권을 최대한 보장하도록 해야 한다. 설령 많은 범죄자를 처벌할 수 없는 상황이라 하더라도 국가는 공정한 재판의 원칙을 버릴 수 없다. 형사사건에서 피고인은 무죄로 추정되며, 피고인의 유죄에 대해서는 국가가 적법한 증거를 통해 합리적 의심 없는 정도로 증명해야 하는 것이다.

형사법학의 고민 가운데 가장 중요한 것이 이것이다. 열 사람의 범죄자를 풀어 주는 한이 있더라도, 한 사람의 무고한 시민을 처벌해서는 안 된다.

궁금 법학

증인 둘의 법칙은 과학적일까?

'증인 둘이 있으면 유죄'라는 중세법학의 증거법칙의 기원은 성경이다. 요한복음 8장 17절은 다음과 같이 적고 있다.

Even in your law it has been written that the testimony of two men is true.

중세 말의 법학자 조지 후퍼[George Hooper]는 이 성경 구절의 의미를 해석하면서 다음과 같은 확률 공식을 제시하고 있다. 가령, 증인 n명이, 서로 다른 증인에 대해서 알지 못하는 상태에서, 동시에 사건 E가 발생했다고 증언을 한다고하자. 그 증언의 신빙성 $P^{(E)}$는, 각 증인의 신용성을 p라고 할 때 다음과 같은식으로 표현할 수 있다.

$$P(E) = 1 - (1 - p)^N$$

신용성이 50%인 증인 2명이 서로 모르는 상태에서 '피고인이 피해자를 죽였다'고 증언한다면 다음과 같은 값이 나온다.

$$P(E) = 1 - (1 - 0.5)^2 = 1 - 0.25 = 0.75$$

그 증언이 사실일 확률이 75%가 되는 것이다.

쉽게 말하면, 신용성이 50%에 불과한 사람 둘이 증언을 해도 그것이 진실일 확률은 75%나 된다. 그런데 만약, 신용성이 80% 이상인 선량한 시민이 둘 나와서 같은 말을 하면 그때는 그 말이 진실일 확률은 96%로 높아진다.

$$P(E) = 1 - (1 - 0.8)^2 = 1 - 0.04 = 0.96$$

성경에 나오는 증인 둘의 법칙이 아주 허무맹랑한 얘기는 아니라는 말이다. 이것을 후퍼의 제1법칙Hooper's Rule I이라고 한다.

우리 가까이 있는 민법

　살면서 꼭 법이 필요할까?라고 생각하는 사람도 있을 것이다. 범죄를 저지른 것도 아니면, 굳이 법이 없더라도 모든 문제를 상식선에서, 평화롭게 해결하면 된다고 생각할 수 있다. 그런데 사람 사이에는 까다로운 법적 문제가 의외로 많다.

　예를 들어보자. 이웃에게 돈을 빌린 다음 돌려 줄 때가 돼서 돈을 갚으려고 한다. 이 경우 빌린 사람이 빌려 준 사람을 찾아가서 돌려 주어야 할까, 아니면 빌려 준 사람이 돈을 받으러 빌린 사람에게 와야 할까? 어느 쪽으로 해도 큰 차이가 없는 경우가 대부분이겠지만, 문제가 될 수도 있다. 가령, 빌려 준 사람의 행방을 알지 못해서 제때에 돈을 못 갚았다면 그때는 늦어진 데 대한

패널티, 즉 이자 문제가 발생한다. 빌린 돈도 얼마 되지 않고, 이자라고 해 봐야 얼마 안 된다면, 모르지만 세상일이라는 게 어떻게 풀릴지 모른다. 제때 돈을 갚았다면 그 돈으로 다른 물건을 사려고 했고, 그 사실을 돈을 빌려간 사람도 알고 있었다면 또 얘기가 달라진다. 즉 돈을 빌려 갔다가 늦게 갚은 사람은 그렇게 예측 가능한 손해에 대해 책임을 져야 할 수 있다. 이자뿐만 아니라 더 많은 금액을 갚아 주어야 하는 것이다.

이처럼 돈을 빌렸다가 갚는 것 자체는 간단해 보여도, 경우에 따라 엄청난 여파가 있을 수도 있다. 그래서 법이 필요하다.

계약의 중요성

법을 잘 몰라서 또는 법이 하라는 대로 하지 않아서 낭패를 보는 경우는 얼마든지 있다. 아버지가 돌아가시고 홀로 남은 어머니와 형제 셋이 뒷수습을 위해 모였다. 따져 보니 아버지 이름으로 집도 있고, 작은 건물도 있었지만, 빚도 있었다. 그런데 형제들 사이에 누가 아버지가 남긴 건물과 집을 가져갈 것이냐로 싸움이 붙었다. 아버지가 돌아가신 지 얼마 되지도 않았는데 남은 유산을 가지고 싸우는 게 마음에 들지 않아서 형제 중 하나는

"너희들 마음대로 해!"라고 일갈을 하고는 뛰쳐나와 버렸다. 그러고는 가족들과 일체 연락을 하지 않았다. 그렇게 몇 달이 지나고부터 집으로 소장이 날아 오기 시작했다. 아버지가 남긴 빚이 적지 않았던 것이다. 사업을 하면서 친구들 대출에 보증을 서기도 했고, 신용보증기금 등에서 빌린 빚도 있었는데 그것을 연락을 끊은 형제 한 명이 다 갚을 처지에 놓이게 되었다. 나머지 형제들은 제때 상속을 포기함으로써 유산은 못 받았지만 빚은 안 져도 되었는데, 아무것도 하지 않은 그 형제가 모든 빚을 갚아야 할 채무가 생긴 것이다. 기간 내에 상속을 포기하지 않았기 때문이다. 당장 가지고 있는 모든 재산에 대해서 소송이 들어왔고 꼼짝없이 빚쟁이가 되고 말았다.

우리는 대부분 법에 밝은 사람들이 아니다. 의기투합해 동업을 하기로 한 다음 계약서라도 쓰자고 하면 말한 사람만 이상한 사람이 된다.

"친구끼리 무슨 계약서냐?"

"너, 나 못 믿어? 그럴 거면 동업을 하지 말든가."

이런 말을 듣기 십상이다.

하지만 바람직한 태도가 아니다. 둘 사이의 관계가 분명해질 때, 사이도 더 좋아질 수 있다. 해야 할 일과 하지 않아야 할 일을 정해 놓는 것만으로도 대부분의 분쟁은 일어나지도 않고, 일

계약서

살면서 꼭 법이 필요한가?라고 생각하는 사람도 있을 것이다. 굳이 법이 없더라도
모든 문제를 상식선에서 평화롭게 해결하면 된다고 생각할 수 있다.
그런데 사람 사이에는 까다로운 법적 문제가 의외로 많다.

어나더라도 금세 해결된다. 가장 나쁜 것은 아무것도 하지 않는 것이다.

법이 지배하는 세상은 예전과 많이 다르다. 중세 이후 수세기를 거치면서 사람들의 생각 자체가 바뀌었다. '나는 더 이상 종교의 노예도 아니고, 신분에 얽매 있을 필요도 없어. 도시에 나가 자유롭게 살 거야'라는 생각이 팽배하게 된 것이다.

이렇게 신분에서 자유로워진 개인들이 세상에 쏟아져 나왔다. 이들이 평화롭고 자유롭게 살기 위해서는 상식이나 관습 가지고는 어림도 없다. 보다 정교한 법 제도가 필요하다. 법이 없다면 세상은 다시 혼돈 속으로 빠져들지도 모르기 때문이다.

이것이 민법이 필요한 이유다.

민법은 제일 먼저 선수players를 정한다. 바로 사람이다. 사람으로서 자격이 있는지를 먼저 검사한다. 예전에는 노비나 여성은 제외하고 평민과 귀족들을 사람으로 정의했다. 남녀와 신분 차별이 없는 현재는 특별한 보호가 필요한, 미성년자와 정신이상자 등만을 제외한다. 대신 법으로 사람 취급을 해 주는 경우가 있다. 바로 '법인'이다. 우리가 아는 대부분의 회사는 법인으로 거래에 참가한다.

사람을 정한 다음에는 각 사람의 '소유'를 정한다.

동네 뒷동산을 생각해 보자. 동네 주민은 누구나 뒷동산을 이용할 수 있다. 그들에게 뒷동산은 모두의 것이지, 누구의 것이 아니다. 즉 소유권 개념 자체가 모호하다.

하지만 오늘날은 다르다. 모든 물건에는 소유가 있다. 물건은 둘로 나눈다. 하나는 움직일 수 없는 것이고, 다른 하나는 움직일 수 있는 것이다. 앞의 것을 '부동산', 뒤의 것을 '동산'이라고 한다. 부동산과 동산에는 당연히 소유자가 있다. 그리고 소유의 개념도 다양하다. 혼자 소유하는 게 있고, 여럿이 소유하는 게 있다. 여럿이 소유하는 것은 '공유'라고 하고, 물건의 '지분'을 소유한다. 또 물건 자체를 소유하지는 않고 사용만 할 수 있는 권리도 있다. 바로 '사용권'이라는 개념이다. 가치만 소유할 수도 있다. 물건의 가치만 담보로 잡는다.

민법은 이처럼 물건에 대해서 자세하게 규정하고 있다. 이것이 누구의 것이고, 그에게 어느 정도 권리가 있으며, 그 권리와 다른 권리가 충돌할 때는 누구를 보호하게 될지 등을 철저하게 나누어서 규정해 두고 있다.

사람과 소유권이 정해지면, 그다음은 그들 사이에 자유로운 거래가 남는다. 바로 '계약'이다. 계약이란 두 사람의 의사가 합치되는 걸 전제로 한다. 이쪽은 돈을 내고, 저쪽은 물건을 넘기는 식으로 의사가 합치되면 계약이 성립한다.

계약을 통해서 두 사람간의 법률관계가 생긴다. 전체 법질서만

큼이나 중요한, 부분적인 법률관계다. 이 법률관계는 국가가 보장한다. 한 당사자가 약속을 어길 경우에 제재를 가하는 것이다. 가령 계약한 대로 실천하지 않으면 국가가 손해를 배상하라고 판결을 내리고, 판결대로 배상하지 않으면 강제로 배상하게 한다. 공권력을 발동할 수도 있다.

사람이 계약을 하는 이유는 그것이 자신에게 유리할 거라고 생각하기 때문이다. 억지로, 하기 싫은 계약을 하는 사람은 없다. 그런 계약은 국가도 인정하지 않는다. 무효가 되거나 취소할 수 있는 계약으로 취급한다. 그런 이상한 계약이 아니라면, 계약은 자유이고, 국가는 그 계약의 실현을 돕는다. 당사자가 원하는 대로 세상이 움직이고 교환하고 발전하는 것을 국가가 지원한다는 뜻이다. 개인은 이를 통해 자유롭게 자신의 삶을 개선하고 개척해 나갈 수 있다. 이것이 바로 민법의 기본정신이다.

계약은 종류가 아주 많다. 돈을 주고 물건을 사는 것은 그중에서도 가장 기본적인 계약에 속한다. 이걸 '매매'라고 한다. 돈을 주기만 하고 아무것도 받지 않는 계약도 있다. '증여'라는 계약이다. 돈을 주고 남의 일을 해 주는 것을 '위임' 또는 '도급'이라고 하고, 돈을 내고 남의 부동산을 이용하는 것을 '임대차'라고 한다. 이처럼 수많은 계약 가운데 사람들이 가장 많이 하는 계약을 우리 민법은 '전형계약'이라고 한다. 민법상 총 14개의 전형계약이 있다.

전형계약을 굳이 따로 묶는 이유는 많은 사람들이 늘 반복하는 것이기 때문에 공통적인 문제가 생길 가능성이 높고, 그런 문제는 법에서 한꺼번에 해결할 필요가 있기 때문이다. 가령 매매에서 가장 많이 발생하는 문제는 민법에 적어서 누구 말이 맞는지 미리 알게 한다. 그러면 매번 사건이 생길 때마다 비슷한 소송을 반복할 필요가 없을 것이다.

전형계약을 포함한 모든 계약은 우리 삶을 지탱하는 중요한 법제도 가운데 하나다. 우리 사회는 계약으로 움직이는 사회라고 할 만큼 엄청난 수의 계약이 지금도 체결되고 있고, 이행되고 있고, 이행되지 않아서 소송에 걸리고 있다. 민법에서 제일 중요한 주제는 계약이라고 해도 될 정도다.

계약에서 약관으로

'신분에서 계약으로'라는 유명한 명제는 세상의 변화를 정확하게 요약한 말이다. 이제 우리 사회는 계약 없이는 존속할 수 없게 되었다.

그런데 계약에는 중요한 전제가 하나 있다. 그것은 대등한 사람들간의 거래라는 것이다. 국가가 계약을 인정하고 지켜 주는 이유는 그 거래가 두 사람 모두에게 도움이 되는 것이라고 믿기 때문이다. 그래서 계약을 하는 사람은 대등해야 하고, 대등한 상태에서 신의와 성실의 원칙에 따라 거래를 해야 한다. 우리 민법 제2조에서 신의성실의 원칙을 강조하는 이유도 그것이다.

그런데 이와 같은 원칙을 천명하고 나서 얼마 되지 않아 세상은 또 급변하고 말았다. 모든 개인이 자유롭게 자신이 원하는 계약을 체결하면서 행복하게 살기를 꿈꾸었지만 실상은 그런 세상이 오지 않았다. 세상은 급속도로 불평등해졌고, 계약당사자간 힘의 차이가 생겼다. 계약이라는 이름으로 강자가 약자에게 불리한 조건을 사실상 강요하는 일이 생긴 것이다.

그렇게 되고 보니, 국가는 사람들 사이의 계약을 감독하면 된다는 믿음이 무너지고 말았다. 계약이라는 이름으로, 아주 적은 돈을 받고 원치 않는 일을 해야 하는 사람들이 많아졌다. 근로계약, 임대차계약은 물론이고 상품구매 계약에서도 국가가 관여할 필요가 절실해졌다. 그렇지 않으면 사람들은 부당한 계약에 내몰릴 수밖에 없다.

이것이 지금 민법학의 가장 큰 고민 가운데 하나다. 계약자유의 원칙을 세우고, 계약의 이행만 보장하면 세상은 좋아질 줄 알았다. 그런데 세상은 계약자유의 미명하에 다시 약육강식의 세계로 빠져 들고 있고, 국가의 후견 역할이 어느 때보다도 중요해졌다. 하지만 그렇다고 해서 계약자유라는 기본원칙을 포기할 수도 없다. 자유는 지켜야 하고, 약자는 보호해야 한다. 민법학은 이 문제에 대한 해답을 빨리 찾아야 한다. 그 상반된 요구를 다 들어줄 묘안을 내놓아야 하는 것이다.

불법행위, 부당이득, 사무관리

사람들간의 법률문제는 계약만 있는 게 아니다.

사람들은 알게 모르게, 서로 피해를 주기도 한다. 계약은 합법적인 행위이고, 피해를 주는 것은 불법이다. 민법의 불법행위 편은 이 문제를 다루고 있다.

사람이 사람에게 해를 입히면 앞에서 본 것처럼 국가가 형벌로 다스릴 수 있다. 하지만 형벌로 다스리는 행위는 그 범위가 크지 않다. 형벌이라는 과도한 제재를 모든 행위에 부과할 수는 없기 때문이다. 민법상 불법행위에 대해서는 형벌이 아니라 손해배상으로 대신한다. 고의 또는 과실로 남에게 피해를 입한 사람이 돈으로 배상하게 하는 원칙이다.

계약과 불법행위 외에도 민법에는 '사무관리'라는 것이 있다.

남의 일을 의무 없이 해 주는 경우 그 대가를 지급하는 제도이다. 또 일상생활에서 부당한 이득을 얻는 것도 금지하고 있다. '부당이득'이라는 파트는 사람들 사이에 이익 배분 문제를 다루고 있다.

민법은 한마디로, 사람들 사이에 있는 법이다. 예전에는 그것을 관습이 해결했고, 종교가 해결했고, 신분이 해결했다면, 지금은 법이 해결하고 있다. 민법은 다른 어떤 법보다도 우리 일상생활 가까이 있다.

'리걸 마인드'가 뭘까?

"비즈니스 마인드가 필요하다!"

이런 말을 들어본 적이 있을 것이다. 여기서 '비즈니스 마인드'는 쉽게 말해서, '장사꾼 마인드'라고 할 수 있다. 어떤 생각을 할 때 '그것이 경영이나 영업, 장사에 유리한지'를 먼저 생각하는 것이다. 비즈니스 마인드가 없는 사람은 장사를 하거나 회사를 차려도 성공하기 쉽지 않다. 이윤 위주로 생각하지 않으면 치열한 경쟁에서 살아남을 수가 없기 때문이다.

법학에도 비슷한 용어가 있다. '리걸 마인드'다. '법적으로 사고하는 능력' 정도로 번역할 수 있는데, 법률가나 변호사, 법학자에게는 만능키처럼 쓰인다.

"아니, 이걸 몰라요? 리걸 마인드가 없으시네."

주로 이런 식으로, 법을 잘 모르는 사람을 놀릴 때 쓴다. 의뢰인들이 말도 안 되는 주장을 하거나, 수업 시간에 학생들이 질문에 대답하지 못할 때, 특히 민법 시간에 교수님들의 단골 멘트가 '리걸 마인드'다.

"학생은 아직 리걸 마인드가 없어. 법학 전과목 책을 열 번은 읽어야 돼. 그래야 리걸 마인드가 생겨."

심지어 교수님들이 판례나 교과서에 나와 있는 내용과 다른 얘기를 해서 학생들이 이의제기를 할 때, 그 민망함을 모면하기 위해서도 이 말을 쓴다.

"상식적으로는 자네 말이 맞지. 하지만 법은 안 그래. 리걸 마인드는 그런 게 아니거든."

법에는 사실 전문용어가 많다. 그래서 법을 공부하지 않은 사람은 "법은 참 어려운 거구나"라고 생각한다.

하지만 원래 리걸 마인드라는 말은 '법 지식'과는 전혀 상관이 없는 말이다. '비지니스 마인드'를 장사꾼 마인드라고 하면, '리걸 마인드'는 '변호사 마인드'다. 변호사는 원래, 어느 편 사건을 맡게 될지 알지 못한다. 같은 사건에서 기업 편을 들 수도 있고, 노동조합 편을 들 수도 있다. 같은 분쟁에서 A회사 편을 들 수도 있고, 정반대 편에 있는 B회사 편을 들 수도 있다. 형사사건에서 국가권력을 대표할 수도 있고, 피고인을 변호할 수도 있다. 그때마다 '저는 원래 기업 편이라서 노조 쪽 변호는 자신이 없는데요' 또는 '저는 범죄를 저지른 피고인 편은 들지 않습니다'라고 말해서는 안 된다. 아주 특별한 경우를 제외하고, 변호사는 누가, 어떤 사건을 의뢰하든지 의뢰인 편에서 최선의 변호를 해야 한다. 그러라고 변호사가 있고, 이 자세를 '리걸 마인드'라고 한다. 한마디로, 리걸 마인드는 '반대편 입장에서도 생각할 줄 아는 능력' 또는 '사건을 총체적으로 보는 능력'이다. '민법 어느 부분을 아느냐?'와는 상관이 없다. 리걸 마인드는 '사건을 대하는 태도'에 관한 문제이기 때문이다.

'흥부와 놀부'를 예로 들어보자. 변호사는 흥부 편을 들라고 하면 열심히 흥부에게 도움이 되는 사실을 찾는다. 그러다가 갑자기 놀부 편을 들라고 하면, 놀부의 시각에서 사건을 해석해야 한다. 이게 바로 리걸 마인드다. 법을 안다고 리걸 마인드를 갖게 되는 것이 아니라, 여러 가지 관점에서 사건을 볼 줄 아는 눈을 길러야 리걸 마인드를 갖게 되는 것이다.

6

법학과 법조인

법학의 매력

세상에는 배울 게 너무 많다.

어떤 친구는 역사를 좋아해서 역사학자가 되는 게 꿈일 수 있다. 인류가 이 세상에서 무슨 생각을 하면서 살았는지 아는 것은 아주 중요한 일이다. 역사 공부는 과거와의 대화를 통해 현재와 미래에 대한 중요한 힌트를 얻는 일이다. 우리가 이 세상에서 행복하게 살기 위해서는 꼭 알아야 하는 것이 인류의 역사라고 할 수 있다.

문학도 마찬가지다. 사람이 살다 보면 무수히 많은 어려움에

직면하고, 선택의 순간을 맞는다. 그때 현명하게 대처한 사람은 행복한 삶을 살 것이고, 그렇지 못한 사람은 불행한 삶을 살게 될 것이다. 문학은 그 대처의 지혜를 알려 준다. 소설이나 시 같은 장르를 통해 우리는 인생의 지혜를 배울 수 있고, 이 험한 세상을 사는 데 큰 힘을 얻는다.

경영학이나 경제학도 매력적인 학문이다. 한정된 자본을 가지고 조금 더 잘 살기 위해서는 어떻게 해야 하는지, 그 비법을 가르쳐 준다. 큰 회사를 운영하는 것부터 집안 살림살이를 튼튼하게 운영하는 것까지 경제와 경영 공부를 제대로 해 놓지 않으면 우리 삶은 헝클어질 수밖에 없다.

법학에도 역시 매력이 있다. 역사학이나 문학, 경영학, 경제학처럼 공부해서 써 먹기 좋은 과목 중 하나가 법학이다. 그런데 법학에는 그것 말고도 또 하나 장점이 있다. 법학은 다른 학문에 비해서 쓰이는 곳이 많고 넓다는 점이다. 국가기관이나 정부, 공공기관의 경우는 법이 없으면 일 자체가 되지 않는다. 그래서 법을 아는 사람이 많이 필요하다.

요즘은 공공기관만 그런 것도 아니다. 기업도 법으로 움직인다. 나라에 헌법과 법률, 시행령, 시행규칙이 있듯이 회사에도 회사법과 정관 등 수많은 법과 규칙이 있다. 모든 활동이 다 법에 따라 이루어지는 것은 아니겠지만, 중요한 부분에서는 법이 꼭

필요하다. 삼성이라는 기업에 로펌보다 많은 변호사가 근무하는
이유가 이 때문이다.

법원이나 검찰, 경찰 등 사법기관은 당연히 법학 공부를 한 사
람들이 주로 진출하는 분야다. 이처럼 법학에 대한 수요는 엄청
나게 많고, 앞으로도 계속 늘어날 것이다.

사법시험에서 로스쿨로

그에 반해 대학에서 법학 전공자는 전보다 규모가 훨씬 줄어
들었다.

예전에는 수도권은 물론이고 지방의 크고 작은 대학에 '법과
대학'이 있었고, 적게는 100여 명, 많게는 수백 명의 학생들이 법
학을 공부했다. 매년 수만 명의 법학사가 배출되었으며, 이들을
사회에서 수용하는 데 어려움을 겪기도 했다. 법학 전공자는 늘어
나는데 모두에게 좋은 일자리를 줄 수 없었던 것이다.

특히 법학을 전공한 사람들은 판사나 검사, 변호사가 되는 것
을 선호했다. 그런 직업을 갖는 것을 최우선으로 하고, 안 되면
공공기관과 회사, 기업체에 들어가는 식으로 진로를 잡았다. 그
래서 매년 수만 명의 법학 전공자들이 사법시험이라는 판사, 검

사, 변호사 선발시험을 봤다. 1년에 1,000명을 뽑는 시험에 합격하기 위해서 젊은 시절부터 모든 것을 시험공부에 쏟아 붓는 사람도 있었다. 이것이 사회문제가 되자 변호사시험을 보는 자격을 제한하는 로스쿨 제도를 도입했다. 앞에서 설명한 것처럼 대학을 졸업하고 대학원 과정에 해당하는 로스쿨을 졸업한 사람만 졸업 후 변호사시험을 볼 수 있도록 한 것이다.

로스쿨은 전국 법과대학 또는 법학과 중에 총 25개에만 설립할 수 있도록 했다. 수도권에 14개 대학, 지방에 11개 대학을 선정하고 각 대학마다 적게는 40명에서 많게는 150명까지 배당해서 매년 2,000명만 받도록 정원을 묶은 것이다.

2009년 로스쿨 시행 이후 법학의 풍경은 많이 바뀌었다. 로스쿨로 전환한 대학은 법과대학 또는 법학과를 폐지하도록 했기 때문에, 먼저 25개의 법과대학 또는 법학과가 없어졌고, 로스쿨로 전환하지 못한 대학 가운데도 법과대학 또는 법학과를 없애는 학교가 있었다. 특히 지방대학의 경우는 법과대학을 졸업해도 로스쿨 진학이라는 관문을 뚫기가 쉽지 않았기 때문에 법과대학을 지망하는 학생들이 많이 줄었고, 결국 법과대학의 문을 닫을 수밖에 없었다.

현재 전국 법과대학 또는 법학과 가운데 약 50여 개만 법학 전공·학생을 받는다. 그 나머지는 다른 전공, 예를 들면 경찰행정학

등으로 이름을 바꾼 상태다.

이제 대학에서 법학을 전공하는 방법은 두 가지다. 하나는 남아 있는 법과대학 또는 법학과에 진학해서 학사학위를 취득하는 것이고, 다른 하나는 법학사 또는 다른 전공으로 학사학위를 취득한 후에 로스쿨에 진학해서 법학석사 학위를 취득하는 것이다. 이 가운데 후자의 과정을 거친 사람들만 변호사시험을 볼 자격이 있다는 것은 앞에서 이미 설명한 바와 같다.

법학과에서 법학 전공

대학에 진학할 때 법과대학이나 법학과가 남아 있는 학교를 지원해서 법학을 전공하는 것도 아주 좋은 방법이다. 법학이란 사회에 나가 쓰임새가 많기 때문에 학사학위만 받아도 여러 곳에 일자리가 생긴다. 국가기관은 물론이고 일반기업체에서도 4년간 법학공부를 한 사람을 선호하지 않을 이유가 없다.

또 그런 일자리에 만족하지 않고 판사, 검사, 변호사 등 법률가가 되고자 하는 학생들은 법학적성시험LEET을 치른 다음에 로스쿨에 진학하면 된다. 로스쿨 입장에서는 대학에서 법학을 전공한 학생들을 마다할 이유가 없다. 헌법, 민법, 형법 등 기본법을 공부했을 것이기 때문에 로스쿨 공부에서도 한 발 더 앞서 나갈 수 있다. 실제로 동국대학교나 홍익대학교 등 법과대학을 두고 있는 학교에서는 매년 졸업생 중 약 30명 정도가 로스쿨에 진학해 법 공부를 계속하고 있다.

그럼에도 불구하고 한 가지 아쉬운 점은, 대학 전체로 볼 때 법학을 전공하는 학생들의 총량은 줄어들었다는 것이다. 경영학이나 경제학을 전공하는 학생에 비하면 턱없이 부족한 게 현실이다. 사회가 복잡해질수록 법을 체계적으로 공부한 인력이 더욱 필요함에도 불구하고 현재 우리나라 대학은 그 정도의 인원을 공급하지 못하고 있다. 법학의 미래라는 관점에서 진지하게 고민해 보아야 할 문제다.

로스쿨에서 법률가로

그나마 다행스러운 것은 로스쿨에서 매년 1,500명 가량의 법률가가 배출되고 있다는 점이다. 예전에 법과대학에서 배출되던 수만 명 인원에 비할 바는 못 되지만 그 정도라도 법학 전공자가 나오고 있다는 것은 다행이다.

로스쿨에 들어가면 신입생 시절에 다들 비슷한 꿈을 꾼다.

먼저 판사가 되고자 하는 학생들이 있다. 판사는 법원에서 재판을 하는 사람이다. 형사재판이면 피고인에게 형벌을 선고하는 사람이고, 민사재판이면 소송에서 어느 쪽 주장이 옳은지 판단해 주는 사람이다. 어떤 재판이든 법률에 대한 많은 지식을 가지고 있어야 하고, 세상에 대해서도 잘 알아야 한다. 세상살이를 모르는 사람이 사람들 사이의 분쟁을 공정하게 해결하기는 어려운 일이다.

게다가 판사는 보통 혼자서 재판을 지휘하고 주재해야 하는데, 그러기 위해서는 까다로운 절차를 잘 알고 있어야 한다. 재판에 오래 관여한 경험이 있어야 소송당사자들이 만족할 만한 재판을 할 수 있는 것이다. 그래서 우리나라의 경우도 판사는 로스쿨 졸업생에게 바로 자격을 주지 않는다. 로스쿨에서 3년간 이론과 실무를 공부한 경력만으로는 재판을 주재하기에 부족하다고 보기 때문이다. 먼저 변호사시험에 붙은 학생들 가운데 매년 약 100명 정도 정식판사를 보조하는 사람을 뽑는다. 이런 자리를 '로클럭'law clerk이라고 하는데, 우리말로는 '법원 서기'라는 뜻이다. 판사를 도와서 재판에 필요한 정보를 찾고 연구하는 일을 한다. 로클럭으로 2년간 근무하고 나면 그 다음에는 다른 변호사들처럼 법원을 나와 로펌 등에서 변호사 일을 한다. 그렇게 변호사 경력을 몇 년 더 쌓은 다음에라야 판사로 임관할 기회를 얻을 수 있

다. 즉 판사는 법조인으로서 일한 경력이 있는 사람들 가운데서 뽑는다.

판사보다는 검사를 더 선호하는 학생들도 있다. 특히 형사법에 관심이 많거나 범죄수사에 흥미를 느끼는 학생들은 검사직에 도전한다. 검사직 역시 따로 검사시험을 봐서 합격해야 한다. 로스쿨 성적과 실무수습 성적, 이론시험과 면접 등 다양한 시험을 거쳐 매년 100명 가량의 신임검사를 뽑는다. 검사로 선발되고 변호사시험에 합격하면 1년 정도 신임검사 연수를 받고 각 지방검찰청에 검사로 배치된다.

판사와 달리 검사는 로스쿨 졸업 후 변호사시험, 실무연수를 거쳐 바로 정식검사가 된다. 실제 사건을 맡으면서 선배검사들과 부장검사의 도움을 받아서 얼마든지 일 처리를 할 수 있기 때문이다.

요즘 학생들은 판사와 검사 못지않게 대형법무법인, 즉 대형로펌에 변호사로 들어가는 것을 선호한다. 판사와 검사는 공직생활인데 반해 대형로펌 변호사는 자유로운 분위기에서 여러 가지 전문성을 키울 수 있기 때문이다. 주로 대기업 사건을 수임하거나 금융, 조세, 지적재산권 등 다양한 분야를 공부할 수 있고, 보수도 공직에 비해 만족스럽다. 공직을 선호하지 않는 학생이라면 충분히 도전해 볼 만하다.

이렇게 검사, 로클럭, 대형로펌으로 진출하는 것을 각각 한 글자씩 따서 '검클빅'이라고 부른다. 하지만 그 셋 중 하나로 진출하는 데 성공하지 못하더라도 실망할 건 없다. 변호사들이 해야 할 일은 너무나 많기 때문이다. 삼성과 같은 대기업 변호사가 되는 길도 있고 금융감독원, 국세청, 회계법인 등 소위 좋은 직장이라고 불리는 곳에서도 변호사는 환영받는 자격증에 속한다. 전국의 모든 법정에서 매일 열리는 재판에도 변호사가 들어가야 하고 행정법원, 가정법원, 군법원, 중재법원 등 변호사를 필요로 하는 곳은 일일이 헤아리기도 어려울 만큼 많다.

문제는 변호사라는 직업이 인기가 많기 때문에 대형로펌을 마다하고 대학원에 진학해 법학을 계속 공부하겠다는 사람이 많지 않다는 점이다. 하지만 법학은 여전히 매력적인 학문이다. 그 이유는 다음과 같다.

첫째, 법학은 학문의 특성상 실무와의 교류가 많다. 학자들은 이론공부만 하고 실무가들은 실제 사건만 처리하는 식으로 장벽이 높이 세워져 있지 않다. 가령, 대법원에서 새로운 판례가 나온다고 하자. 그걸 이론적으로 연구해서 그 판례가 나오게 된 배경을 설명하고, 그 판례의 태도가 옳다 또는 그르다는 식으로 비판하거나 지지하는 논문을 쓸 수도 있다. 하지만 굳이 논문을 쓰지 않더라도 그 판례를 연구하고 분석해서 다음 사건에 근거로 대기 위해 공부하는 사람들도 있다. 즉 하나의 판례를 연구 대상으로 볼 수도 있고, 다른 한편으로는 실무조사의 대상으로 볼 수도 있다. 그 차이라는 게 그다지 크지 않다. 마찬가지로, 연구를 하는 사람과 사건을 맡은 사람의 차이 역시 크지 않다. 실무가의 역할과 학자의 역할이 정확하게 나눠지지 않는다는 말이다.

실제로 오래 전에 로스쿨 제도를 도입한 미국의 경우 유명한 학자가 동시에 유명한 판사인 경우가 많다. 판사 일을 오래 하면서도 얼마든지 법학 연구를 계속할 수 있다. 로스쿨을 도입한 지 15년이 지난 지금, 로스쿨 제도를 통해 변호사가 된 사람들이 2만 명이 넘는다. 그 숫자만큼 법학을 공부하는 사람이 늘었다고 볼 수도 있다.

둘째, 우리 법학에 얼마나 많은 사람들이 투입되는지와 상관없이 법학은 해야 할 공부가 너무 많다. 우리는 근대화 이후 지난 100여 년간 서구의 법과 사상을 받아들여 왔고, 법학이론의 대부분을 독일과 미국에서 배웠다. 그런데 그 가운데 우리가 아직 다 배우지 못한 것이 많다. 우리는 우리 법제도의 기원이 되는 수많은 문헌과 연구 성과를 제대로 깊게 배우지 못한 상태에서 현재 법제도를 운영하고 있다. 그 결과 국민들이 진짜로 만족하는 사법제도를 가지고 있다고 말하기는 어렵다. 즉 우리가 도입해서 쓰고 있는 이 제도에 대해 아직 공부할 게 너무나 많다. 특히 우리 선조들이 다듬고 가꿔 왔던 전통적인 법제도에 대해서는 거의 연구해 본 적조차 없다. 우리도 5천 년 역사 내내 재판을 해왔고, 법을 만들어 왔다. 그 성과에 대해 법학자들이 깊이 연구할 기회조차 없었다니 부끄러운 일이라고 하지 않을 수 없다.

법학은 이처럼 아직 가야 할 길이 멀고, 해야 할 일이 많다. 전공자가 부족하다는 것은 핑계에 불과하다. 법을 다루면서 먹고사는 사람들이라면 학자냐 아니냐를 따지기 전에 법에 대해 더 연구할 의무가 있다. 법학이 결국은 발전할 수밖에 없다고 보는 이유가 이것이다.

대학과 대학원 석사과정, 박사과정을 마치고 법학연구에 평생 매진하는 법학자의 숫자가 줄어들 수는 있다. 하지만 그렇다고 해서 법에 대한 공부가 줄어드는 것은 아니다. 법학에 대한 수요는 로스쿨 이후로 더 늘고 있다. 법학은 여전히 도전할 만한 학문이다.

판사가 되고자 하는 학생들에게

판사는 한마디로 누가 옳은지 또 누가 죄를 지었는지 판단해주는 사람이다.

서양 역사를 보면 판사에게 재판을 맡긴지는 얼마 되지 않는다. 사람들은 같은 사람이 하는 재판을 믿지 못했다. 미국에서 지금도 배심제도를 하고 있는 이유도 그 때문이다. 판사 한 사람이 내리는 판결을 믿지 못하겠다는 뜻이다.

판사는 그만큼 어려운 일이다. 판단도 어렵지만, 그 판단을 사람들이 존중하게 하는 것이 그야말로 어렵다. 따라서 훌륭한 판사가 되기 위해서는 다음과 같은 능력을 갖추어야 한다.

첫째, 잘 들어야 한다. 소송에는 늘 양쪽이 있다. 민사소송에는 원고와 피고가 있고, 형사소송에는 검사와 피고인이 있다. 그 둘은 각기 다른 주장을 펼친다. 무수히 많은 사실을 제시하고, 많은 서류를 제출하고, 많은 말을 한다. 그 말을 잘 들을 자세가 되어 있어야 한다. 또 기록을 세심하게 볼 줄 알아야 한다. 그래야 제대로 된 판단을 할 수 있다. 기록을 본 경력이 오래 되었다고 설렁설렁 보는 판사는 자격이 없다. 그렇게 해서는 디테일을 놓치기 십상이다. 구석구석 작은 기미를 찾아 열심히 기록을 뒤지고, 유심히 당사자의 말을 듣는 것이 판사가 할 일이다. 천칭의 평형은 깃털 하나로 무너진다. 깃털 하나도 놓치지 않는 자세가 판사에게는 필요하다.

둘째, 중립을 지켜야 한다. 당연한 얘기처럼 들리지만 중립을 지키는 것은 생각만큼 쉽지 않다. 이것은 일종의 변신술에 가깝다. 판사 일을 할 나이가 되면 세상을 산 경험이 수십 년이 넘는다. 그동안 보아온 게 있고, 알아온 게 있고, 몸에 밴 게 있다. 그 덕에 판사가 되었지만 또 그것 때문에 판사 일을 그르칠 수 있다. 독특한 경험과 이력 때문에 판사가 중립에 서는 게 어려울 수 있다는 말이다.

우리 헌법 제10조는 "법관은 헌법과 그 법률에 의하여 그 양심에 따라 독립하여 심판한다"고 선언하고 있다. 여기서 말하는 양심이란 도덕심이 아니다. 도덕의 잣대로 나쁜 사람을 꾸짖으라는 뜻이 아니다. 양심은 투명한 마음이다. 자신이 쌓아 온 무수한 편견에서 자유로워진 마음이다. 그것으로 판단해야 한다. 자기 생각대로 판단하는 게 아니라 사람들 모두 동의하는 상식에 입각해서 판단해야 한다. 그래서 자기를 버려야 한다. 이것이 사실 가장 어려운 일이다.

우리가 어떤 판사에 대해 알고 있는 정보와 판단의 결과가 일치하는 경우 그 판사는 좋은 판사라고 할 수 없다. 자기 자신을 벗어나지 못했기 때문이다.

셋째, 판사는 외로운 직업이다. 사람을 만나고 다니는 직업이 아니다. 세상에 나가 돈을 벌고 힘을 쓰는 직업이 아니다. 작은 골방에 갇힌 채 사건에 대해 숙고하는 게 판사의 일이다. 모임에 나가고, 친구들을 만나고, 세상 돌아가는 얘기를 하는 것은 판사로서 할 일이 아니다. 판사는 철저하게 혼자이어야 한다. 나라에서 판사에게 적지 않은 월급을 주고 충분히 예우하는 이유가 그것이다.

판사는 다른 데 신경을 써서는 안 된다. 오직 객관적인 판단을 하는 데 집중하면 된다. 그렇게 쌓은 경력과 경험은 누구도 쉽게 가질 수 없는 경쟁력이 된다. 오죽하면 판사가 신의 일이라고 하겠는가. 판사 옷을 벗고 난 다음에는 유명한 변호사가 되어 적지 않은 돈을 벌 수 있다. 판사의 감각은 쉽게 살 수 없는 것이기 때문이다. 그때까지 판사는 외로움을 견딜 준비가 되어 있어야 한다.

판사들이 흔히 하는 말이 있다. "날씨 좋다. 기록 보기 좋은 날이네!" 이 좋은 날씨에 기록을 보러 들어가야 한다는 씁쓸함의 표현이다. 그렇게 한 글자라도 더 꼼꼼하게 기록을 들여다 보는 것이 판사의 임무다. 그 과정에서 사건에 관한 결정적인 단서를 얻게 되기 때문이다.

검사가 되고 싶은 학생들에게

검사는 법조삼륜 가운데 가장 나중에 만들어진 직업이다. 예전에도 판사와 변호사는 있었지만, 검사는 따로 없었다. 그 이유는,

검사가 필요 없었기 때문이다.

　범죄 피해를 입은 사람들은 바로 판사에게 가서 고소를 하면 판사가 수사도 해 주고 재판도 해 줬다. 이런 제도를 형사법에서는 '직권주의'라고 한다. 판사가 권한을 가지고 수사와 재판을 다 해 주었다는 뜻이다. 직권주의는 중세 말 근대 초까지 유럽의 형사재판이 공통적으로 지키고 있던 원칙이었다.

　그런데 직권주의에 대한 불만이 터져 나오기 시작했다. 수사를 하는 판사가 재판까지 하게 되면 공정한 재판이 어렵다고 생각했기 때문이다. 수사는 증거를 모으는 활동인데 수사를 한 사람이 재판까지 하게 되면 자신이 모은 증거에 대해 편견을 갖지 않을 수 없다. 자신이 모은 증거를 냉정하게 판단하기가 어려워진다는 뜻이다.

　그래서 유럽의 형사사법제도는 수사와 재판을 분리하라는 요구에 직면하게 되었다. 수사는 제3의 기관이 하고 재판은 판사가 하는 식으로 일을 나누라는 것이다. 그래서 뒤늦게 생겨난 것이 수사를 하고 나서 수사한 결과에 따라 기소 여부를 결정하는 '검사'다.

　문제는 검사 일을 누구에게 시킬 것인가 하는 점이었다. 우선 판사에게서 빼앗아 온 역할을 판사에게 맡길 수는 없었다. 그렇다고 피고인을 변호하는 변호사에게 검사 일을 맡길 수도 없다.

그런데 마침 프랑스에, 왕이 가장 믿을 만한 공무원으로 '대관'이라는 직함을 가진 사람이 있었다. 왕의 대리인이라는 뜻의 대관은 주로 왕명을 받아 세금을 걷으러 다니는 사람이었는데 누구보다 국가의 이익에 부합하는 방향으로 일을 처리할 것이라는 믿음이 있었다. 그래서 그에게 검사 일을 맡기고 법무부장관의 감독을 받게 했다. 이것이 검사제도의 시작이다. 14세기에서 19세기에 걸쳐 서서히 일어난 일이다.

검사가 해야 할 일 중에 가장 중요한 것은 수사한 결과를 가지고 법정에서 범인을 처벌해 줄 것을 주장하고, 필요한 경우 증거를 제출하는 일이다. 그러면서 재판을 하는 판사에게 법을 정당하게 적용해서 처벌해 줄 것을 요구한다. 프랑스의 경우 판사는 자리에 앉아 있고, 검사는 바닥에 서 있지만 하는 일은 다를 바 없다고 생각한다. 둘 다 사법관으로서 검사는 법령의 적용을 청구하고, 판사는 이를 받아 법령을 적용할지 말지를 결정하는 일을 하는 것이다. 즉 두 사람은 국가의 사법이 제대로 작동하도록 협력하는 관계이면서, 견제하는 관계에 있다.

대륙의 사법제도를 받아들인 우리도 마찬가지다. 검사가 기소를 하고 판사가 재판을 함으로써 형법이 정확하게 적용되도록 한다.

다만 한 가지, 검사가 명심해야 할 것이 있다. 검사는 피고인의

적이 아니라는 사실이다. 죄를 지은 피고인을 처벌하도록 하는 것이 검사에게 주어진 임무이지만 그와 동시에 죄를 짓지 않은 피고인을 보호하는 것도 검사의 임무이다. 즉 검사는 객관적으로 일처리를 해야 한다. 심지어 제1심 재판 결과 피고인에게 억울한 형벌이 선고된 경우에는 피고인의 이익을 위해서 항소를 할 수도 있다. 검사가 피고인을 늘 괴롭히기만 하는 사람은 아니라는 뜻이다.

검사는 일을 시작하면서 다음과 같이 선서한다.

나는 이 순간 국가와 국민의 부름을 받고
영광스러운 대한민국 검사의 직에 나섭니다.
공익의 대표자로서
정의와 인권을 바로 세우고
범죄로부터 내 이웃과 공동체를 지키라는
막중한 사명을 부여받은 것입니다.

나는
불의의 어둠을 걷어내는 용기 있는 검사,
힘없고 소외된 사람들을 돌보는 따뜻한 검사,
오로지 진실만을 따라 가는 공평한 검사,

스스로에게 더 엄격한 바른 검사로서,

처음부터 끝까지 혼신의 힘을 다해
국민을 섬기고 국가에 봉사할 것을
나의 명예를 걸고 굳게 다짐합니다.

검사는 법무부장관의 지휘를 받는 행정공무원이고, 법무부장관은 국무위원으로서 대통령의 지시를 받는다. 자칫 잘못하면 대통령이 법무부장관을 통해 검사에게 사건 처리를 지시할 수 있다. 행정부 전체가 힘을 합쳐 피고인을 처벌하려고 하면 충분히 가능하다는 것이다.

이런 폐해를 막기 위해 우리 검찰청법은 중요한 조항 하나를 두고 있는데 바로 "법무부장관은 검찰총장만을 지휘한다"는 것이다.

굳이 이런 조항을 둔 이유는 무엇일까. 검찰총장을 포함한 검사들은 자신이 대통령의 지시를 받는 공무원이 아니라 준사법기관으로서 객관의무를 지고 있다는 점을 잊지 말라는 뜻이다. 국가가 아무리 피고인을 처벌하고자 나서도 정당하지 않은 처벌은 하지 말아야 한다. 이것이 검사에게 주어진 최고의 사명이다.

그런 점에서 검사가 되고자 하는 학생들은 무엇보다 정의감이 투철해야 한다. 법을 어긴 범죄자는 반드시 처벌해야 한다는 신념을 가지면서도 동시에 피고인과 일반시민을 보호하는 역할에 충실해야 한다. 그것이 "국민을 섬기고 국가에 봉사"하는 길이다.

변호사가 되고자 하는 학생들에게

"당신은 진술을 거부할 권리가 있고…"라고 시작하는 미란다 고지의 근거가 된 판결의 피고인 이름이 바로 어네스토 미란다 Ernesto Miranda 이다. 2000년을 맞이하면서 전미변호사협회ABA가 전국의 변호사들에게 20세기에 가장 중요한 판결을 물었을 때, 네 번째로 뽑힌 판결이다. 제시한 판결 가운데는 민사와 행정, 헌법 등도 포함되기 때문에 사실 형사법과 관련해서는 가장 유명한 판결이었다고 해도 과언이 아니다. 우리나라를 포함해서 전세계 경찰들이 지금도 매일 미란다 고지를 수천, 수만 번씩 반복하는 것만 봐도 그렇다.

1963년 3월의 늦은 밤, 멕시코 이민 가정에서 태어난 미란다는 버스정류장에 내린 산드라 스미스라는 여자 아이를 강제로 납치해 성폭행을 시도했다가 무슨 이유에서인지 그만두고 다시 처음에 납치했던 버스정류장으로 데려와 산드라를 풀어 주었다.

그러고는 "날 위해 기도해 줘!"라는 이해하기 힘든 말을 하고, 지갑에서 4달러를 빼앗아 사라졌다.

당시 미란다는 동네에서 이미 잘 알려져 있었고, 수법도 뻔해서 체포되는 데는 불과 1주일도 걸리지 않았다. 그런데 산드라는 당시 범인의 얼굴을 제대로 보지 못해서 용의자 중에서 그를 지목하지 못했다. 그럼에도 미란다는 산드라가 자신을 지목한 것으로 착각하고 순순히 자백했다. 미란다는 범죄사실을 그대로 자술서에 적었고, 그게 법원에 증거로 제출되었으며, 1심과 2심에서 유죄판결이 났다. 국선변호인이 쿨리라는 경찰관을 증인으로 불러, 변호인선임권을 왜 말해 주지 않았느냐고 집요하게 따져 물었음에도 불구하고 애리조나 주법원의 판결은 바뀌지 않았다. 미란다는 강간과 납치 사건으로만 최대 30년형을 선고받아 피닉스 교도소에 수감되었다.

그런데 이 사건을 유심히 들여다 본 사람이 있었다. 바로 얼마 전까지 애리조나 주 검찰총장을 지낸 코코란Corcoran이었다. 그는 마침 애리조나 주 시민연대라는 시민단체를 이끌고 있었고, 경찰의 위법행위에 관심이 많았으며, 자연스럽게 미란다 사건이 그의 레이더에 들어왔다. 코코란은 피닉스의 유명한 형사변호사인 플린Flynn에게 사건을 맡아 줄 것을 부탁했다. 연방대법원 재판연구원 출신으로 연방대법원에 갈 사건이라면 언제든 변호할 준비가 되어 있던 프랭크Frank가 여기 가세했고, 젊은 변호사들이 붙어서 미란다 사건을 연방대법원의 심판목록에 올리는 데 성공했다.

그리고 또 한 사람, 미란다 판결에서 빼놓을 수 없는 아주 중요한 사람이 있다. 바로 국선변호인 앨빈 무어다. 그는 일흔이 넘은 나이에 심급당 100달러를 받고 미란다 판결의 제1심과 제2심 국선변호인을 맡았다. 그는 나중에 언론 인터뷰에서 피의자 미란다를 좋아하지 않는다고 고백했다. 그런데 왜 그렇게 열심히 변호를 했느냐고 물었더니, "의사도 폐색된 장을 뚫기 위해서는 똥을 만져야 되는 것 아니냐?"고 대답했다. 실제로 앨빈 무어는 최선을 다해 미란다를 변호했다. 그가 조금이라도 성의 없게 변호를 했더라면 미란다는 연방대법원에 자기 사건을 올릴 기회조차 갖지 못했을 것이다.

변호사는 판사나 검사라는 직업에 비해 너무도 명확한 임무가 있다. 바로 자신의 의뢰인을 위해 최선을 다하는 것이다. 그것 외에는 생각할 게 없다. 법이 허용하는 한 최선의 변호를 하면 된다. 나머지 모든 책임은 국가와 사회가 진다. 변호인은 의뢰인 한 명만 보고 가면 되는 것이다.

법은 모든 시민을 위해 존재한다. 죄를 지은 사람도 당연히 시민 중 한 명이다. 죄를 지은 사람이 그 법에 대해 만족하지 않으면 그 법은 모든 시민이 만족하지 못하는 법이 되고, 실패한 법이 된다. 변호사의 할 일은 죄 지은 자가 법에 정한 최고의 서비스를 받도록 하는 일이다. 그래야 국민을 위한 사법제도가 될 수 있다.

변호사는 결국 법을 완성시키는 사람이다. 이 점을 잊어서는 안 된다.

누가 법학을 공부하면 좋을까?

법은 결국 글로 되어 있고, 법을 읽고 해석하는 데 언어능력이 중요하다는 것에는 의문이 없다. 따라서 언어 과목을 잘 하는 학생들이 법학을 하면 좋을 것 같다. 하지만 언어는 현실을 감싸고 있는 겉면에 지나지 않는다. 언어에 능통하다고 해서 모두 법을 잘 안다고 볼 수는 없다. 언어로 표현된 법적인 문제의 저변에는 사람들의 실제 생활이 들어 있기 때문이다.

학교에 관한 법률을 잘 이해하려면 학교생활에 대해 잘 알아야 하고, 노동법을 제대로 알기 위해서는 노동현장의 문제를 깊이 이해해야 한다. 재판은 논리와 경험칙에 따라서 한다고 한다. 앞뒤가 맞는 주장이 무엇인지 알고, 사회생활의 경험이 풍부한 사람이 재판도 잘 할 수 있다는 뜻이다.

로스쿨에 들어가기 위한 입학시험은 두 과목을 치른다. 하나는 언어영역이고, 다른 하나는 추리영역이다. 언어능력과 합리적인 사고능력을 평가하는 것이다. 이와 함께 다른 사람들의 삶에 관심이 있다면 법학을 공부하는 데 도움이 된다.

하지만 그것보다 훨씬 더 중요한 덕목이 한 가지 있다. 법학을 잘하기 위해서는 '성실'해야 한다는 것이다. 사실 법학을 공부하는 데 무슨 대단한 능력이 필요한 것은 아니다. 소위 말하는 천재일 필요는 전혀 없다. 법적인 문제는 우리 삶에서 늘 일어나는 것이므로 우리 삶에 대해 알고 있는 것으로 충분하다.

하지만 성실성은 다르다. 법학자나 법률가들은 '사건'case을 다룬다. 사건이라는 것은 민사든, 형사든, 가사든 상관없이 아주 특별하면서 고통스러운 일이다. 일생에 몇 번 일어나지 않는 일이다. 구경하는 사람에게는 별 문제가 아닐지 모르지만 막상 소송에 휩싸인 사람에게는 일생일대의 위기일 수 있다. 그런 사건에 관한 해답을 주고, 대처방법을 알려 주는 것이 법학이고 법률가의 일이다. 꼼꼼하고, 치밀하고, 성실해야 한다. 기록 하나를 보더라도 그렇고, 재판 한 번을 가더라도 그렇고, 서면 하나를 준비하더라도 그렇다. 혹시 빠뜨린 것은 없는지, 깊이 고민하고 연구하는 자세가 필요하다. 천재일 필요는 없지만, 모범생일 필요는 있다. 약속도 잘 안 지키고, 제시간에 출근도 못하고, 친구들과 노는 데 정신을 팔려 자신의 일을 잘 못 챙기는 학생들은 법학에 어울리지 않는다.

법학은 무엇보다 빈틈이 있으면 안 된다. 그래서 까다롭고 고지식해 보일지도 모른다. 하지만 그것은 법학의 잘못이 아니다. 우리가 마주칠 사건을 그런 덕목 없이 헤쳐 나갈 수 없기 때문이다.

사건 하나를 맡는 데 적게는 수백 만 원에서 많게는 수천 만원, 수억 원까지도 받는다. 그 비용은 이 사건을 빈틈없이 처리해달라는 취지로 주는 것이다. 그래서 변호사들은 빈틈이 없어야한다. 혹시 빠진 서류가 없는지, 주장에 미비한 점이 없는지, 귀찮을 정도로 까다로운 사람, 그런 변호사가 일을 잘한다.

그리고 법학자는 사람을 사랑해야 한다. 법은 단호하고, 잔인하다. 그래서 사람을 사랑하지 않는 사람이 다루면 거칠어지기십상이다. 그런 법학자, 법률가, 권력자들이 인류 역사에서 무수히 많았고 그 때문에 많은 사람들이 고통을 받았다. 독일의 수학자이자 판사였던 라이프니치가 "철학이 없는 법학은 출구 없는 미궁이다"라고 말한 이유가 그것이다. 법을 잘못 다루면, 법이 없는세상보다 더 위험해질 수도 있다.

법학자의 자세

법학자는 사람을 사랑하는 사람이어야 한다. 법은 단호하고, 잔인하다.
그래서 사람을 사랑하지 않는 사람이 다루면 거칠어지기 십상이다.
역사 속에서 무수히 많은 사람들이 법으로 인해 고통을 받았다.

미래의 법학자들에게

판사, 검사, 변호사가 되지 않아도 법학을 학문으로 공부할 수 있다. 또 변호사 자격증을 취득하고 나서 변호사 일을 하지 않고 계속 법학을 공부하는 것도 얼마든지 가능하다. 법학은 그 자체로 아주 매력적인 학문이다.

법학자들은 법은 다시, 두 가지가 있다고 한다. 하나는 현재 존재하는 법이다. 이제까지 우리가 본 헌법, 형법, 민법 등이다. 이런 법을 연구하는 학문을 '법실증주의'라고 한다. 현재 우리가 쓰고 있는 법에 대해서 공부한다는 뜻이다.

사실 우리는 모두 법실증주의자다. 주로 현재 쓰이는 법을 공부한다. 그 법들은 그물망처럼 얽혀 있다. 그래서 몇 가지 조문만 가지고 문제가 해결되지 않는다. 위 단계, 아래 단계의 법은 물론이고, 인접 영역에 있는 법과 판례까지 알아야 문제에 대처할 수 있다. 법학자들의 일이란 문제 해결을 위해 현재 존재하는 법을 충실하게 연구해서 의견을 전달하는 일이다.

하지만 모든 법학자들에게는 또 하나의 꿈이 있다. 우리가 쓰는 법이 정당한 법이 되게 하는 것이다. 법에는 무수히 많은 목소리와 주장이 들어가고, 이해관계가 있는 사람들의 입김이 들어간다. 그래서 최종적으로 만들어진 법은 우리가 생각했던 올바른

법, 좋은 법이 아닐 수 있다. 그런 법이 세상에 적용되기 시작하면 억울한 사람이 생긴다. 프로이센의 아놀드처럼 한 맺힌 사람들이 생기고 안티고네처럼 정당한 일을 하고도 처벌을 받는 사람이 생기는 것이다.

법학자들의 꿈은 자연의 이치를 거스르지 않는 법이 만들어지고 실현되는 것이다. 그런 꿈을 '자연법주의'라고 한다.

법학의 목적은 결국 하나다. 법학은 인간에게 봉사하는 학문이다. 인간이 이 세상에 태어나 보다 자유롭게, 보다 평화롭게 살기를 꿈꾸는 것이 법학자들의 꿈이다. 있는 법을 연구하다 보면 과연 이 법이 맞는가, 고민하지 않을 수 없고, 그러다가 이런 법이 있어야 하지 않을까, 꿈꾸지 않을 수 없다. 그런 의미에서 법학자들은 법실증주의자로 시작해서 점점 자연법주의자가 되어 가고 있는지도 모른다.

언젠가 법이 더 완전해지고, 법이 지배하는 세상이 더 행복해지기만을 간곡히 바라는 것이다.

평화롭고 행복한 세상을 만들어 가는 공정한 칼날

처음 법학

1판 1쇄 발행 2024. 1. 15.
1판 2쇄 발행 2024. 5. 15.

지은이　김희균
발행인　이상용 이성훈
발행처　봄마중
출판등록　제2022-000024호
주소　경기도 파주시 회동길 363-15
대표전화　031-955-6031
팩스　031-955-6036
전자우편　bom-majung@naver.com

ISBN 979-11-92595-36-8 43360